近代中日關係史料彙編
蘆溝橋事變發生後
中國向國際的申訴

Historical Documents on Modern Sino-Japanese Relations:

China's Appeal to the International Community After
the Marco Polo Bridge Incident

近代中日關係史料彙編
總序

呂芳上
民國歷史文化學社社長

一

　　日本是中國的近鄰，也是強鄰，中日之間一衣帶水，本應唇齒相依，共營孫中山的大亞洲主義，互助互榮；也大可以在一念之間，分出蔣介石所規勸的敵乎友乎，和睦共處，以臻東亞大同境界。但日本國力強大之後，不此之圖，選擇走向侵略、走向戰爭，對鄰邦由蠶食而鯨吞，結果釀成的是你傷我殘的悲劇。

　　中日關係的發展，遠的不提，辛亥革命時，日本原有干涉意圖不果，改採兩面外交，著重者在滿洲特殊權益。1914 年一戰爆發，次年日方即向袁政府提出二十一條要求，嚴重妨礙中日正常外交的推進。二十一條交涉甫告段落，日本又為洪憲帝制，蛇鼠兩端，迫得袁世凱含恨以終。其後復對北洋政府在參戰、借款問題及和會、山東問題上，施其詭譎伎倆，導致五四運動的發生。1921 年的華盛頓會議，九國公約中，日本雖在特殊利益上，沒獲多大斬獲，但日本遍及東北、華北的軍事部署，其有恃無恐、肆意在華

擴張的野心，已相當明顯。

　　1926 年，在南方的國民革命軍，揮師北指，很快的統一中國，這不是對中國抱持野心的日本所樂見的事，於是中日關係走入新的階段。

二

　　1920 年代初期，在南方的國民黨勢力崛起，1926 年國民政府開府廣州，接著北伐，1927 年定都南京，於是中國對內、對外新局面形成。1927 至 1952 年間，自北伐後中日談判重訂關稅、出兵山東開始，中經九一八、上海事件、華北事變、蘆溝橋事變，以迄戰爭結束、簽訂和約，具見日本以強國步步進逼，盛氣凌人，中國則以弱勢對應，先是退讓、容忍，終以干戈相見，最後日本以敗戰自食惡果。

　　1961 年，逢中華民國建國五十年，民間各界特別組成「中華民國開國五十年文獻編纂委員會」，負責出版各類叢書，其中之一是 1964 年至 1966 年以「中華民國外交問題研究會」為名編印之《中日外交史料叢編》一套九種。這套《叢編》基本上以國民政府外交檔案為主，北京政府外交檔案為輔編成。雖不能對兩國從文爭到武鬥的材料，作鉅細靡遺的羅列，但對兩國關係的重大起伏，實已提供學界深入研究的基礎史料。本社鑒於這套《叢編》對近代中日關係具有很高的史料價值，除聘請學者專家新編「華北事變」資料專輯附入外，特別以《中日外交史料叢編》九種為基礎，重新增刪並編輯匯成《近代中日關係史料彙編》

1935）、萬寶山事件與中村事件（1931-1932）均與
日本有關。三、《國民政府北伐後中日直接衝突》北
伐進行過程中，發生若干涉外事件，本冊所輯南京事
件（1927-1934）、漢口事件（1927-1931）、日本第
一、二次出兵山東（1927-1929）、。四、《九一八事
變的發生與中國的反應》侵略滿蒙，進而兼併中國，
是日本大陸政策的目標，甲午戰爭、日俄戰爭均是向
外擴張的北進政策，1931 年的瀋陽事變是日本北進
的高峰，更是二次大戰前奏。當時政府為應付嚴重變
局，特在中央政治會議內成立「特種外交委員會」，
自1931 年9 月至12 月，共召開五十九次會議，本冊收
錄了這一重要會議的會議紀錄。五、《九一八事變後
日本對華的破壞與侵逼》九一八事變之後，日本侵華
腳步未曾停止，所謂「得寸進尺」差可形容，本冊所
輯資料，重在日軍繼續挑釁（1932-1933）、日軍暴行
與中國損失（1931-1933）、日本在東北破壞中國行政
權完整（1932）。六、《日軍侵犯上海與進攻華北》
1932 年，日本藉口上海排斥日貨，嗾使日本浪人及
海軍陸戰隊滋事，毆人縱火、殺死華警。上海市府提
出抗議，日領反稱日本和尚五人被毆，提出反抗議，
要求中方道歉、賠償、懲兇、制止反日行動。1 月28
日，日方迫令中國軍隊退出閘北，隨即向中方開火，
是為淞滬戰役。歷時月餘，5 月初始成立停戰協定。
事實上，九一八事變後，日軍節節進迫，進攻熱河，
侵擾察冀，無底於止；中方則忍辱負重，地方飽受戰
火蹂躪，中央遭受輿論撻伐，中日關係瀕臨破裂。本

資料集收錄日軍侵犯上海之一二八事變（1932）、進犯熱河（1932-1935）、侵擾察冀及河北事件致有「塘沽協定」，及所謂「何梅協定」（1933-1935）等文件的簽訂。七、《蘆溝橋事變前後的中日外交關係》廣義的第二次中日戰爭，始於1931年九一八事變，止於1945年日本投降。十四年間又可分為兩階段：九一八至七七（1931-1937）中國是屬備戰、局部抵抗時期，日方是侵犯、挑釁期；七七之後中國是全面抗戰，日方則陷入戰爭泥沼期。前六年中日關係有戰有和，中方出於容忍、訴諸國際調停者多，後八年中方前四年獨立作戰，後四年與盟國協同作戰，對內對外，對敵對友的諸多交涉，交件中充分顯示戰前與戰爭外交的複雜面貌。本冊主要內容包含：（一）七七事變前的中日交涉（1934-1937），涉及廣田三原則、共同防共及滿洲國承認問題。（二）事變前日方的挑釁（1934-1936），又包括藏本事件、香河事件、成都事件、日人間諜行為等。（三）從七七到八一三（1937-1938），指的是全面抗戰爆發前後的中日衝突，例如蘆溝橋事變的發生、交涉、日本中國撤僑、八一三虹橋事件及戰事發展等。八、《蘆溝橋事變後中國向國際的申訴》七七事變後中日軍事衝突加劇，但鑒於雙方勢力懸殊，中國仍寄望透過國際干涉以制止日本侵華野心。本冊文件集中在中國向國聯控訴日本侵略（1937）。內容包括是年9月13日中國向國聯提出對日控訴始末。其間涉及國際間聲援、九國公約會議種種相關資料。九、《滿洲國的成立與國聯對日

本侵華的處理》1931 年九一八事變後，因國聯不能有
效制裁日本的侵略行動，日本乃放膽實施侵吞中國計
畫，一方取速戰速決之策，以亡中國；一方為掩人耳
目，實行以華制華之計，製造傀儡組織。1932 年滿洲
國之成立到1938 年扶植汪偽，均此之圖。本集主要內
容有偽滿洲國的成立經過（1932-1935）；中國控訴、
國聯之處理（1931-1933）。十、《偽組織的建立與各
國態度》本冊文件集中在華北自治問題（1935-1937）
及南京偽政權（1938-1943）之醞釀與成立。十一、
《抗戰時期封鎖與禁運事件》戰爭發生後，可注意的
事有三，一是受戰爭影響的敵境及海外華人權益維護
問題、敵僑處理及外僑保護，二是敵人對鄰近地區的
禁運、控制，三是盟國以自身利益出發的措施如何影
響中國。大抵言之，國民政府與同盟國結盟，提升了
國際地位，也保障戰後國際角色的演出。不過，同
盟關係也有摩擦和困擾，例如美國中立法案（1939-
1941）、英國封鎖緬甸運輸通路（1940）對中國造成
的損害。本集資料內容即包括：一、戰時中國政府的
護僑、護產措施；二、日本對東南亞的控制，如越南
禁運、封鎖緬甸、控制泰國；三、美國中立法案、禁
運法案與日使野村談判；四、1940 到1945 年間日蘇
關係的轉變等。十二、《日本投降與中蘇交涉》1945
年8 月14 日，日本投降，上距七七有八年，距九一八
為時十四年，距甲午之戰五十一年，「舉凡五十年間
日本所鯨吞蠶食於我國家者，至是悉備圖籍獻還。全
勝之局，秦漢以來所未也」。中國戰勝意義自是重

大,但蔣中正委員長在當天廣播中,則不無憂慮的指出:「抗戰是勝利了,但是還不能算是最後的勝利。」顯然國共關係惡化、戰犯處置之外,東北接收與中蘇交涉等棘手問題,均將一一出現。本集資料重在日本投降經過,接收東北、接收旅大與中蘇交涉,張莘夫被害案(1945-1947)。十三、《戰爭賠償與戰犯處理》包含1943年同盟國準備成立戰爭罪行調查會至1948年中國戰犯處理委會工作報告相關文件。十四、《金山和約與中日和約的關係》交戰雙方和約簽訂,戰爭才算結束。中華民國對日和約,遲至1952年日降後六年又八個月才在臺北簽字,原因涉及戰後中國變局。1945年日本敗降,1949年12月,中國共產黨勢力席捲大陸,中華民國政府退守臺灣,這時蘇聯在東亞勢力擴張,國際局勢鉅變,戰勝的中、美、英、蘇、法五強,對東亞新秩序的建立,有複雜考量,同盟52國在舊金山召開對日和會,直到1951年9月8日,才有蘇、波、捷之外的49國參與簽訂的金山和約。當時中華民國未獲邀參加,次年(1952)4月28月在臺北正式簽訂中華民國對日和約,結束了中華民國與日本的戰爭狀態。由於戰後美國在東亞扮演舉足輕重的角色,因此也可看到中、美、日三方外交穿梭的足跡。本集資料主要有一、中國對金山和約立場表示(1950-1952)與金山和約的簽訂;二、中日雙邊和約前的籌議,包括美方意向、實施範圍、中日雙邊交涉及名稱問題的討論。十五、《中華民國對日和約》二戰結束後,冷戰接踵而來,1949年後中國形成一國兩

府的分裂局面，蘇、英、美對誰能代表中國與日本簽訂和約有分歧看法，1950 年韓戰爆發，英、美獲得妥協，同盟國對日舊金山和會不邀中國參加，在美方折衝下，日本決定與中華民國政府商訂雙邊條約。1952年 2 月，日代表河田烈與中華民國外交部長葉公超在臺北磋商，最後雙方簽訂「中華民國與日本國間和平條約」，雙方互換大使，直到1972 年9 月，遷移臺灣的中華民國政府與日本維持了約二十年的正式外交關係。這本資料集彙聚雙邊和會的一次籌備會、十八次非正式會議及三次正式會議紀錄，完整呈現整個會議自籌備至締約的過程，史料價值極高。

四

如果說抗日戰爭是八年，那麼九一八後的六年是中國忍氣吞聲、一再退讓的隱忍時期，七七事變應是中國人吃盡苦頭、退無可退的情況下，為求生存而奮起的開端，此後的九十七個月，在烽火下的中國百姓，過的何止漫漫長夜。八年中前五十三個月，中國孤軍奮鬥，後四年才有盟軍並肩作戰，其間大小戰鬥無數，國軍確實是勝少敗多，即使勝利前多，說國命堪危也不為過。這次戰爭，日本固然掉入難以自拔的泥潭，中華民國政府也在獲得遍體鱗傷的「皮洛式勝利」（Pyrrhic Victory）後，隨即江山易色，勝利者反變成另一場戰爭的失敗者，其後政局的演變，似乎不容易給史家，從容寫出恰如其份的抗戰史來。

1970 到1990 年代，中研院近史所曾利用庫藏外

交部檔案，出版過民國時期「中日關係史料」十五種
二十一冊，選題時間範圍只限於北京政府時期（1912-
1928）。本社出版這套《彙編》，正好延續了其後國
民政府的時段。這個時段提供了局面更為複雜的交
涉、戰鼓不斷、煙硝不熄的中日關係發展史料。

　　有了新史料，就會有新議題，就可期待史家新研
究成果的出現。我們出版史料的初衷是如此。

編輯凡例

一、本書原件為俗體字、異體字者，改為正體字；無法
　　識別者，則以□符號表示；挪抬及平抬一律從略。

二、本書排版格式採用橫排，惟原文中提及如左如右
　　等文字皆不予更改。

三、本書依照原件，原文中提及「偽」、「逆」等文
　　字皆不予更改。

四、以上若有未盡之處，敬祈方家指正。

目錄

第一章
中國向國聯控訴日本侵略

第一章 中國向國聯控訴日本侵略

第一節 當時的國際形勢

一 英法合作

駐法大使顧維鈞來呈

民國二十七年二月二十三日

法新總理達拉笛（Dalddier）暨外長波鼎（Bonnet）於上月底，應英首相張伯倫（Chamberlain）之邀，前赴英倫討論英法合作，其結果至為圓滿。茲將其合作方式簡略分析如左：

（一）在軍事方面：英、法兩政府決定由其參謀部研究合作步驟。協定內容尚守秘密，惟據各方所傳而並未經兩政府否認者，可以略窺一斑。此協定之性質極為重要；非但在戰時英、法海陸空軍隊共同合作，即在平時兩國國防設備及儲積之軍械，亦應作一共同通盤之計劃，戰時則兩國陸軍由法派總帥統領，海軍由英派大將節制，故該協定之性質不啻為一種軍事同盟。

（二）在經濟方面：兩政府亦決定取互助政策。

（三）對於地中海問題：西班牙問題包括在內，兩政府取同樣態度：即在英、義協定所指明之範圍之內，兩政府互相保障其利益並取共同之行動。對義，法國業已步英後塵與羅馬交涉解決懸案。英國則希望上項談判，能早日成立協定。至西班牙則仍以不干涉政策為主，並認

為西班牙之獨立與完整，為地中海均勢之重要因素。
英、法應共同維持之，而對義談判，此點尤須特別聲
明。法、西邊界以不干涉原則，應予以封鎖。惟近因叛
軍得德、義大批軍火接濟之後，進攻甚為得手，故法前
社會黨所組之政府曾將邊界開放，俾各方得自由接濟西
政府。現在英、義協定之內，義大利既尤撤回志願兵，
英政府認為法政府應將邊界重行封鎖，俾得維持不干涉
原則。法政府對於此點亦表示贊同，惟認為不干涉原
則，義大利亦應切實遵守之。

（四）對於捷克：法國向以維持該國獨立為己任，英國
則認為該國內部民族太為複雜，似難阻止德國分化該國
之政策，故不願作任何擔保。此次談判之結果，得一折
衷辦法：即英、法一面促捷克政府，對其境內日耳曼民
族，予以相當之自治，以免德國取過激手段有所藉口。
另一面由英國警告德國，以如欲併吞捷克，則英國必與
法國以全力干涉。

（五）對於遠東問題：兩政府決定取共同政策，互相維
持雙方之利益。

法國輿論無論派別，對於上項談判之結果均一致表示贊
同。惟對於協定之作用，則左右派之意見頗有出入。
右派報紙認為該協定為英、法政府取「實際政策」
（Politique réaliste）之初步。英、法、義三方成立妥協
之後，將更進一步與德妥協，以設立四強合作支配歐
洲之局面（Pactea á quatre）即所謂「斯特萊沙陣線」
（Front de Strera）者也。左派報紙則認為英法聯盟，
為民主國團結之先聲，並希望此種合作擴大，至包括其

他民主國家以保障世界和平；為一種變像之集體治安制。另一面則認為英法對義之妥協，係一種破壞德義同盟之手段。蓋自德吞併奧大利之後，義國人民頗感不安，似有反對德義同盟之意；故英法乘此時期對義表示好感，解決懸案，或可使義政府改變政策，此種計劃如能成功，則德國勢將孤立，在中歐決不敢再取武斷政策矣。

至法新內閣外交政策，除對義政策而外，與前任內閣一貫。其最重要之原則即維持與英合作，對義政策之改變，亦係受英義妥協之影響。其次即繼續與俄攜手以防德國之東進。至於對中日問題，則仍以英國馬首是瞻。此次內閣閣員派別雖較前內閣為右，但對我泰半均極表示同情：私人談話之時均謂願竭力贊助我國，惟法國朝野對於遠東事件向不注意，故我方對彼等之贊助似難有廣大之企望也。事關駐在國情報，理合備文呈請鑒察。謹呈外交部。

駐法大使　顧維鈞

二　英法美共同行動

外交部王部長電巴黎顧大使

民國二十七年十月十五日

顧大使：粵南戰爭漸趨劇烈，英法關係綦深，亟宜妥為運用，俾促進兩方政府採取積極行動，希即前往倫敦與郭大使會商進行，並盼電復。外交部。

巴黎顧大使來電

民國二十七年十月十八日

重慶外交部，八六〇號，十七日。並請轉呈蔣委員長、
孔院長，八三二、八三三號電，蔣委員長卅、真兩電，
十七日孔院長電均敬悉。頃訪法外長，告以日侵華南雖
明為斷絕港粵交通，實亦圖立根據地，以備歐局重轉緊
張時進逼法、英、美、和之屬地，遂其南進政策，為各
國利益計，亦應速行設法，防患未然，以免將來措手不
及。並告以法政府，宜即採取三項辦法：（一）向英美
提議共同或分別警告東京，三國對日攻華南不能坐視，
勸其停止，日本視我抗戰之烈與久，殊出意外，現已外
強中乾，此時三國如能堅強應付，日必聽從。（二）在
港粵交通未恢復以前，保證我貨物通過越南之便利，不
加任何阻礙。至我方亦可保證秘密審慎將事，不使越政
府對外感受意外之不便。現在途中貨物不少，亦有運自
俄德者，前方待用甚急，均請到時立即放行。（三）尊
重國聯行政院報告書第十六條辦法，停止供給日本以軍
火、飛機、煤油及軍用品原料等物。並告以美政府於七
月間，勸告飛機廠家停止供售飛機與日本，成效頗佳，
此事如有關係國彼此商定一致採取積極政策，無論公開
與否，均足以影響日本，使其覺悟云。法外長將三點用
筆記下後，謂彼對日侵攻華南之影響，看法與鈞相同。
在目前國際環境之下，美國對日之一言一動較為有力，
擬本鈞所言，即向美政府提議一致對日交涉，盼得復
後，再能一談其他二項，容即考慮云，除電郭、胡二使
接洽外，謹復。顧。

三　日方聲明「不以國府為對手」

東京大使館來電

民國二十七年一月八日

川越昨在上海發表談話，據朝日載：略謂華中新政權，當為中國財政界、實業界組織之經濟的民主的國家，為使此新政權產生，日本有公式否認南京政府之必要，對於以漢口為中心之國民黨政權之武力，應予以壓迫，華中政權與華北偽組織，暫各別成立，將來兩國間可圓滿解決。中國民眾畏懼日軍撤退後，國民黨政權或仍將恢復，日本應援助中國民眾，使認識國民黨政權復活為不可能云。大使館。

東京大使館來電

民國二十七年一月十四日

朝日載：河相談話略謂：現地有力主張認為蔣委員長絕不屈服，應積極支持華北偽組織。又以國民政府之實質上已無力量，認為較形式上否認尤為重要。□妄聽軍事上、外交上積極措置，川越早晚或將歸國云云。大使館。

東京大使館來電

民國二十七年一月十九日

近衛昨對記者談時局摘要如下：（一）不以國府為對手，謂不以為調整國交之對手，戰爭上當竭力求其潰滅。（二）國府如完全屈服，只有改換面目，承認新民主主義而加入其麾下，日本與國府自無妥協可言。（三）

問：列國仍以國府為對手如何？答：使各國以對國府好意轉對日本，端賴外交努力。（四）日英間尚無對華談判，將來或發生此空氣，但不解決中日問題，不必先解決日英問題。（五）蘇聯因國內情勢當無動作，蘇滿間亦無不甚穩空氣。（六）日本助長所謂新政權與對滿指導精神或協力方式不同，期望充量放棄抗日容共政策與日本協力，但毫無國防的意義。（七）華中華南新政權當被華北政權吸收，華北政權當為中央政府之主要分子，是否前半年內成立正式政府尚不能斷言，但當促進之大總統問題與承認無關，現正討論。（八）蒙疆政府參加華北政權與否尚未定，或將參加，否則後者不能自主故也。（九）調整國交之條件如有與日本提攜之政府可較對國府者寬大。（十）經濟提攜應容納中國及第三國資本，須相當加以統制，此外內政問題從略。大使館。

東京大使館來電

民國二十七年二月四日

漢口外交部。一七一號，二月四日。三十五號電敬悉。遍查二、三兩日廣田答詞，並無來電語句。惟二月一日對事變後，外國對華所得利權之質問，廣田答稱當然不能承認，日政府無視國民政府，當予撲滅，故該政府已完全不存在等語。請參考一六四號電。至宣戰問題，自一月二十三日以來，近衛、廣田已有五次論及，其意僅謂或將宣戰，並未放棄慎重態度。觀下列答詞可以窺知：一月二十四日廣田答稱，中日關係不能以中國全體

視為敵人，東洋時局立即適用國際法，其利害得失應行熟慮。一月二十九日近衛答稱，外國供給中國軍火可以外交手段阻止之。二月一日廣田答稱宣戰價值不能及於國際關係以外，並請參考，大使館。

華盛頓王大使來電

民國二十七年二月五日

漢口外交部。六六七號，五日。四十八號電所稱廣田在議院稱中日已在交戰狀態中，美感想如何？等敬悉。此間報紙亦有登載，但美方並不注意，美政府政策既定，除非日本正式宣戰，不致有何影響。至日本何不宣戰？有無宣戰準備？鈞部有無消息？再近因增加軍備案上議院攻擊政府聯英，要求公開宣布外交政策，美總統遲遲未能接見，似亦為避免宣傳，並請轉行政院長。王正廷。

王外長談外交形勢

民國二十七年七月五日

外交形勢，據王外長告記者：凡與遠東有直接利害關係之國家，對我均表同情，同願在可能範圍內力加援助。但國際關係錯綜複雜，各國處境不同，國策自異，具體言之，英、法、蘇三國對歐洲之顧慮太多，美國反戰派在國會之勢力尚大，對外用兵，不惟勢所不能，且亦法所不許，各該國對其本身利益雖未忽視，但尚未至採取積極共同行動之程度。故吾人對於友邦，尚未可抱持奢望，然默察世界政治趨向，法西斯與民主政治兩大集團

之分野愈趨顯明,其鬥爭亦漸尖銳,民主集團對我抗戰多表同情,但均不願妄動干戈,此實彼等不敢有所行動之最大癥結。所幸各該國國民對我同情之範圍日漸擴大,此種真誠之友誼至可寶貴,蓋民意所趨,必將逐漸影響其政府將來之決策。至於我現在外交方面之活動,據記者所知,確已盡最大努力,第因時機未熟,少數外交代表之努力,殊難有超越想像之成果。照目前形勢觀察,敵如再向西進或南犯粵海,英、法、蘇三國為維護其本身利益計,或有比較積極之表示,但究採何種方式與何時提出,則尚不可知,關於若干具體問題,王氏未作具體表示。

四　各國對中日戰爭的外交動向

莫斯科大使館

民國二十七年三月十七日

漢口外交部。十七日,第一二四七號。昨晚莫斯科舉行第一次公開演講中日戰爭,本館派員前往旁聽,備受歡迎。主講為紅軍少校 Bushmanov,聽眾踴躍,演詞詳述日本侵華歷史,中國英勇抗戰經過,對蔣委員長之戰略及組織新軍隊長期抗戰甚示樂觀。講畢聽眾發問,蘇俄政府態度及如何援助中國?據答蘇政府在道義外交軍火各方面積極援助,聞蘇聯黨軍及工廠早在秘密討論中日問題,今後擬公開在各地舉行類似講演會,以廣宣傳,如有所聞當再電陳。大使館。

柏林陳介來電

民國二十七年十二月三日

重慶外交部。八百五十四號電敬悉。此事在大島中法駐德大使時頗有傳說，近藉防共紀念文化協定，飛機試航等機會，雙方鼓吹親善甚力。復以波蘭親俄疏德，影響德經營東南歐計劃，德對俄益不可無備，同盟之議，雖無從證實，未敢謂必無，容探呈。昨電所陳重慶消息，來自哈瓦斯社，德報未轉載。哥倫比亞新使及代辦攝影問題，據德方公佈經向哥政府交涉撤換後，哥已復以另有任用，業召回國，作為了結，並聞。介。

附註：八五四號電係報載日德訂立軍事同盟，確否？希探復，電報科謹註。

倫敦郭大使來電

民國二十七年十二月三日

重慶外交部，二九九號，三日。敬悉據英政府所得消息，德意日正商調集軍隊加強反共協定，昔僅係專為對俄，現擬推及任何第三國家，與德義日任何一國有軍事動作時，其他兩國應於政治經濟上予以援助，軍事同盟則未議云云。又另據消息，義大利對軍事同盟尚猶豫。因：（一）在中歐感受德國威脅日深，不願絕英義合作途徑。（二）留為向英討價餘地云云。祺。

附註：九一六號去電，係報日德軍事同盟，確否？希探復由，電報科謹註。

巴黎顧大使來電

民國二十七年十二月六日

重慶外交部。九一三號，六日。今晨德外長抵法，沿途警備森嚴，法方招待頗盛。下午與法外長簽訂協定三款，大致：（甲）宣言法德間和平善鄰為鞏固歐洲和平要素之一，雙方盡力保證之。（乙）聲明兩政府間並無領土爭執之懸案，彼此承認兩國現有疆界為固定者。（丙）除保留彼此第三者之特別關係外，凡遇有關兩國之問題，兩政府隨時接洽。遇有該問題等引起國際糾紛之危險時，彼此商榷云。再日、德軍事同盟，前據俄方消息，謂已成立，法方則謂尚無確證。昨晚東京否認，謂官場消息，天皇反對此項軍事同盟。又英報所載四項諒已接洽，現已託人在德方密探真相，得復後續陳。顧。

巴黎顧大使來電

民國二十八年二月十一日

重慶外交部。九七四號，十一日。九七三號電計達。探聞駐日本法國大使，於去年六月又向日本要求尊重一九〇七年法日換文，勿佔海南，日本外務省口頭答覆目前絕無此意。昨晚法外部已電飭駐日大使，向日政府抗議，並以日方事前不通知英法而通知他國為詫異，同時電倫敦徵詢英政府意見。又據亞洲司長密告，擬提議與我運輸便利，今日法國報紙無論左右，均有專論評擊日本背約威脅，意在牽制歐局，試探英國、法國能力。顧維鈞。

亞洲，不知蘇聯地跨歐亞，不堪東西受逼，勢必兩害取
輕，俾集中力量，又以一面乃法附和英國與俄商議合
作，既不願包括遠東問題，而於波羅的海國家之安全，
復不允予以完全保障，紓其顧慮，俄之懷疑英法欲促成
德俄、日俄戰爭，亦非無因。又憶去歲明興之會，被英
法擯斥於門外，蘇雖為法盟國，而法與德協定，並未事
先告蘇，反鼓吹法之前途，作專心發展已有屬地，不願
再預聞東歐問題，意似欲令德之槍口東向，使俄擔當，
加以法當局因內政關係，多數反對親蘇，一如英國，益
使蘇難信任。一面德亦對日失望，日本陸軍既為我牽制
不能攻俄，日之海軍又反對訂立軍事同盟，不肯公然對
英，則防共集團於德已失其功用，不得不改絃更張，以
打破英法俄和平陣線之謀，避免東西夾攻危險。故德俄
協定，為兩國設想，均非偶然。我國抗戰方酣，需助於
俄、英、美、法者，一如既往，或較前更多，自無變更
我原定政策之必要，應繼續與各該國聯絡，使其積極接
濟。且蘇既紓歐洲西顧之憂，或能增調一部份實力於遠
東，作進一步壓迫日本之舉，為我聲援，而達中蘇對日
共謀一勞永逸之目的，自宜在莫斯科方面，探詢蘇聯真
意，並設法敦勸對日採取積極。英法雖對俄憤慨，但如
蘇聯以守中立為限，並無進一步接濟德義之舉，亦不致
積極反俄。美雖排德，然重視遠東，如蘇對我態度不
變，亦不致與之為難，而影響我國。至德在遠東之實際
利益，在親華不在聯日，為德軍界、實業界、文化界所
肯定，現國策既主與俄提攜，此後能否與我接近，似可
向德探詢，亦須視蘇聯對德真意，並請其為我疏通。然

我最應注意者，今後日本之態度與舉動，此次日本外交失敗，勢成孤立，舉國倉皇，勢必另闢途逕，力謀善後。

巴黎顧大使來電

民國二十八年十月二十六日

重慶外交部。一二四九號，二十六日。亞洲司長稱。據軍事報告謂中國政府對法頗不滿，聞為越南假道及召回軍事顧問兩事。但法對我要求假道便利，大部份均已接受，即在途德貨及付款證據兩點，亦正在善意考慮。至軍事顧問團員，都為現役軍人，不得不調回服務，其中苦衷，當邀諒解。經答以越方對巴黎訓令，每從狹義解釋，凡巴黎已允可者，越南復生枝節，反覆無常，加我困難。至軍事顧問在華深資臂助，正值法方輿論鼓吹親日時，法突調回軍事團，其易滋誤會，自在意中。該司長又謂我在越南等等困難望我速告，俾設法，即使吾對法態度有所懷疑，亦請開誠見告，彼極願解釋，凡摘要能接受之要求，無不盡力。又云戈大使不日赴渝，深望蔣委員長暨政府當局，乘機將貴方對法不滿意之處，及所希望於法者盡量告知，俾雙方隔閡能完全消除。前次戈大使到渝，貴方招待甚厚，但並未談及歐亞具體問題，彼望此行，能開誠交換意見，並導覽我國都市建設，使彼對中國偉大復興精神，得深刻印象，據以報告，亦影響此間視聽云。顧維鈞。

巴黎顧大使來電

民國二十八年十二月六日

重慶外交部。一二九〇號，六日。頃由外交團探悉：月初日外相接見法大使，曾面交日政府對法要求，原文頗長，已郵寄巴黎，故法外交部尚無全文，惟稱大概係要求允由日本派員在越南監視我國運輸，法方當難同意云。昨鈞以新日大使月中將到巴黎，特探詢亞洲司長，法政府擬開談判，附有何方案？彼答並未決定開正式談判，亦未擬有方案。論理，如開談判，應由日本提出問題云，似可認為前項消息之旁證。顧維鈞。

巴黎顧大使來電

民國二十九年一月二十八日

重慶外交部。一三一六號，廿七日。今晨訪法外次談，（1）汪日密約與設立偽組織事，請其注意密約內容，並告以關於海南島一端，其規定無異將該島嶼允由日本收入版圖。追想鈞從前與彼迭次談話，請法政府警告日本停止助汪進行偽組織，又告以美政府關於此事最近對義之表示，商詢法外次能否由法政府向義作同樣表示，不但藉示法與美一致，且影響所及，或可收牽制之效。月來法之反對汪偽組織行動態度早已顯明。現在汪日密約暴露，法可再向東京表示反對，且於交涉斯巴脫島、海南島及抗議滇越鐵路被轟炸後作再度表示，反對汪偽組織亦順理成章。彼問我與英方有無接洽，鈞答亦有同樣接洽。彼稱善，並向義表示彼以最近墨索里尼又有欲見好於德而排法、英之意，凡英、法所願彼必加屬反

對，故恐特別表示，有損無益。經鈞說明用意後，彼允以詳情函知駐義法使接洽，以便其相機辦理。（待續）

巴黎顧大使來電

民國二十九年三月八日

重慶外交部。一三四三號，三月八日。法總理與日本記者談話事，一三四一號五日電計達。頃又派員催詢辦法，並探詢法對日態度。據亞洲司長稱，此事美方亦甚注意，達總理已親電駐華、駐美法使，向中、美兩政府解釋，以免誤會。至法國對日整個政策，仍與英、美一致，決不單獨另有主張。所謂日法談判具體問題，係指日暹航空經過越南，與去年所訂法日付款協定展期等事，前者在某種條件下，法可照允，後者尚在研究，惟因法需生絲甚急，即使協定不允展期，亦必與之另訂一種臨時辦法。至所謂兩國間通盤談判，日方有此提議，法曾商得英美同意，可藉探日本真意，故未予拒絕。法意如日祇提中日事件及外人在華權利，法擬答以不能背英、美而遷就日本立場。如彼提出整個外交政策，即如何合作牽制蘇聯為交換條件，則法擬以結束中日戰事為先決條件，勸其讓步與我媾和。英、美對法此種態度，亦表贊同云云。鈞。

巴黎大使館來電

民國二十九年四月十七日

重慶外交部。一三六八號，十七日。今午席間殖民部長面告：渠已下令禁止法各屬地橡皮與鐵出口運往日本，

現在商英採取同樣限制。又謂如英贊同，並擬禁越米出口運日。鈞意告以：（一）日本於各該物品深感缺乏，最近米荒，此時加禁，正是良機。（二）託其催法政府速辦對汪宣言，渠謂法決不承認偽組織，並允轉催法總統。（三）渠對日外相對和屬印度宣言甚為注意，亦認為侵略該屬地之先聲。惟謂英、法無力予以保護，若免為日佔，全視美政府態度。彼據英大使言，和屬橡皮及錫為美大宗需要，如日果侵佔，美國輿論必一致大譁，美政府不能坐視。（四）彼云駐暹（羅）法使最近報告，暹對英、法態度，頗見好轉云。再關於禁止橡皮等運日一層，鈞已電郭大使接洽，相機向英推進，一致辦理。顧維鈞。

倫敦郭大使來電

民國二十九年四月十九日

佳電、蕭電敬悉，遵轉邱。刪晚訪外相長談，首告緬路重開，固我方踰越預料，但滿意不稍減，蓋希望此為中英合作之新一頁，尤其中、英、美能在遠東加強合作，外長謂亦彼所企望。次祺提及首相盼我國能自由勸印度一節，因此祺就大旨密告，請轉告首相，彼為欣然。祺謂此事最好有具體辦法，因提及克利浦之中、印、緬合作建議，並謂此項合作即不啻中英合作。……（電碼不明脫漏數字）印度對華之同情於今已事實表現，必為印度所歡迎，美國亦有好印象。所稱各節，外相答美甚注意印度，而印度政府人民亦均必樂為，彼願與印緬部長商談，並擬告以祺亦將訪談，如我方更有何提議，望見

態，而私心所期望，尤在於太平洋海戰，與日本海軍之毀滅，此意似近於夢想，然史實所昭著，以和比戰更難百倍，太平洋和平會議未必比太平洋海戰更易實視。至最近一月中，重大演變多端：（一）為美國實行建造兩大洋海軍，增加海軍實力一倍。（二）為日本侵入安南，使美國立時宣布對華三項借款，廢鐵全部禁運。（三）為德、義、日三國同盟，使美國人民更明瞭此三個侵略者對美之同樣仇視。（四）為十月四日近衛、松岡同樣威嚇美國之狂論，使美國輿論大憤，使美政府遠東各地美僑準備即時撤退，以示決心。（五）為美國海軍部十月五日增調海軍後備員三萬五千人，使美海軍現役員總數現至近廿四萬人。（六）為日本忽變態度，先否認松岡談話，後又聲明近衛談話亦只是隨口答報界質問，非事先預備之談話。（七）為十月八日英國正式宣布十七日緬滇路重開。（八）為拿美政府遣送海軍新員四千二百、陸軍防空砲隊千人赴檀香山增防。（九）為上月國會通過空前之平時兵役法，凡廿一至卅五歲之壯丁約千六百萬餘人，均須登記聽候遣送受軍事訓練，十月十六日為全國壯丁登記之日，亦即全部廢鐵禁運之日，亦即緬路重開之前夕。凡此九事，皆在一月內急轉直下，使人有水到渠成、瓜熟蒂落之感。聞十月五日松岡狂論，美國會中領袖曾訪問羅總統和戰大計，總統曾表示政策大綱云，我們並不要和日本開戰，但也決不在遠東退縮，因為我們不肯退縮，也許日本會侵犯我們，那時我們就難免一戰了。但我想日本大概不會如此做，總統之言，似大體可信，連日美方觀察，均謂日本已有

軟化形勢，似不敢冒險向美國挑戰。至於日本是否將用暴力壓迫英國權利中心如滬港各地，則論者頗不一致。鄙意日本霸力全賴海軍支撐，此時未必敢冒險將海軍作孤注。若日本果軟化，則日美海戰或尚需稍長時期之醞釀，我國苦撐三年餘，功效雖已甚明顯，但今日尚未可鬆懈，此時最可慮者，暴敵在羞憤之中，或將以大力攻我滇邊，及用空襲炸燬滇緬各路橋樑車輛等，我方必須早作準備，拼命防禦，絕不可誤信外間流言，謂敵侵安南意在南進，不在攻我，若誤信此說，恐後悔難追，務請留意。鄙意又以為今日世界大勢，自屬分明，德國攻英，已告失敗，德意已與暴日結為同盟，英美密切合作，已無可疑。羅斯福總統連任，亦似無可疑，當此時機，我國對於國際分野，似應有個比較明顯的表示，例如德意既與暴日結盟，既承認其東南亞新秩序，則皆是我仇敵，我國似應召回駐德意之使節，使國人與世人知我重氣節有決心，似是精神動員之最有效方法。右電乞呈介公，並抄送庸之、哲生、亮疇、詠霓、雪艇、岳軍、立夫、騮先諸兄，至感。倘蒙賜覆短電尤感。

第二節　中國向國聯大會控訴經過

一　為日本侵華戰爭案向國聯提出

上海孔令侃來電

民國二十六年八月十六日

本部鄒次長勛鑒：親譯定密，頃奉部座來電謂，極密。
即送中央執行委員會常務委員諸公、國民政府主席林、
蔣委員長、中政會汪主席、王外交部長均鑒：熙自抵歐
美，即分向各國當局密詢其對中日問題之意見及政策，
英方態度在實力未充足前似怕多事，德國希氏表示，伊
與日攜手即為謀中日妥協，美羅總統秘稱滿洲國成立已
有六年，茲不問法理若何？其存在已為事實。目下各國
雖未承認，但將來未必不免有一、二國家與日在互換條
件下開始承認。其餘俄法等國或實力不足，或態度曖
昧，當此中日戰爭開始之際，除我以武力抵抗自求生存
外，似不無考慮其他運用途徑之必要。熙意（一）國聯
九月又開大會，我政府當事先將最近日人侵略者事訴諸
國聯，要求經濟制裁，此舉既可使各國不得藉口袖手旁
觀，我方又重新喚起世人道義上同情。（二）同時並依
九國公約請美國召開太平洋會議，屆時再由簽字各國求
一解決方法，未嘗非我監理財政之利。前熙與顧、郭兩
大使連日請政府提出九國公約，未得回復，熙恐政府尚
猶疑未定，今事急矣，除犧牲到底以求最後勝利外，尚
須及時運用外交，以壯聲勢。以上兩點，經與各國要人
談及，均認與我有利，熙身在海外，心憂國事，一得之
愚，未敢緘默，應請詳加考慮後即日實行。祥熙刪等

語。請照轉為荷，弟侃叩。銑。

二　國防最高會議有關抗日戰爭的決議
中央政治委員會函

民國二十六年八月二十六日

為提案事，日來軍事緊急，全國上下團結禦侮，勝利必屬於我。惟國際政治問題之亟待進行者，其重要性或不減於軍事，否則恐戰場中雖有重大之犧牲，而政治上並不收穫相當之代價，則百年來空前之機會未免失之可惜，以下三事似可即時實行。

（一）海關中在職之日本籍關員應即日一律解雇，以為收回關稅行政權之第一步。自國民政府成立以來，海關行政之所以不即完全收回，而仍以英籍關員一人為總稅務司者，其原因並不在於對付英國而實在於對付日本。英籍總稅務司雖表面善於敷衍，實際並不忠於職守，始而易紈士繼而梅樂和，均不惜犧牲中國之重要利益而敷衍日本，在日人公然武裝走私以前，海關對於日商放私之事，商民久已嘖有煩言。又年來政府對於各機關預算均實事求是，獨海關始終抗命，其預算祇編總數，不編內容，關務行政之真相雖財政部亦無從探其底蘊，其中濫行開支情形，為世界任何公務機關之所無有。而財政部之對於梅樂和始終不願深究，正恐日本之乘其後，梅樂和遂更挾日本以自重。按稅務人員任用資格今日有代理總稅務司資格者華籍、日籍各一人，而梅赴歐時竟不以華籍之丁貴堂而以日籍之某代理，凡此皆人盡聞知之

事實也。至海關內舞弊營私之事件,平日控告之函不知凡幾,均因總稅務司所處之地位特殊,投鼠忌器而無法澈查,而所以委曲縱容者,均因日本之故。今若以一紙命令解雇全體之日籍關員,則總稅務司失其操縱之工具,今後總稅務司之繼承者,當然為華籍關員,梅樂和縱返原任,當不敢不就範圍,否則隨時免去而易以本國人亦可不成問題,如此則關務行政之全權,可以不動聲色完全收回,此其一。

(二)在華日本臣民所享受之治外法權,應即日以明令取消。在國民政府定都南京以來,立法司法各院以最大之努力,求各國人民在華治外法權之取消,而作梗最頑強者厥為日本,年來日本在華一切擾亂我秩序,破壞我統一,危害我國家之行為,均在治外法權之掩護下公然為之,使我國之軍警政法等一切設施均失其效力。外交上之抗議則皆置若罔聞,今戰事既已發動,可再不必顧忌,似宜效德國之所為,凡條約中關係日本在華之治外法權者,以明令宣布日本部分之無效,日本在華租界區域亦隨帶取消,如此則日本今後縱然言和,則在吾國境內已失去其搗亂之工具與搗亂之根據地。日本取消,則英、美、法等國本欲見好於我,其在華之治外法權亦當然可望其自動取消,則以後經濟、財政、民政上最大之障礙可以消除矣,此其二。

(三)中國應即將被日本侵略之事實通知國際聯盟,並提請參加盟約各國,依照盟約履行其盟約上所載之武力

制裁與經濟制裁之責任。國際聯盟在近年來雖失其盟約上之有力地位，然既未正式解散，會員國之盟約責任依然存在，我國若訴諸國聯縱然不能得其實力上之援助，則至少亦可得國際輿論上之同情，而輿論上之同情在國際戰爭上，往往發生不可思議之助力。例如日俄之戰，英美輿論最同情於日本，日本終以英美輿論之同情，而獲其經濟上之援助，而終勝俄國，此一例也。歐洲大戰之始，美國對英對德關係原無軒輊，後來因德失國際同情，美洲諸國遂加入英方，而歐戰勝敗之形勢遂以決定，此又一例也。總之在戰爭時期國際間之助力無論如何微小，均有一顧價值，而況國際聯盟會員六十餘國，其心理上之同情與精神上之援助，其力量亦正不可忽視，聞九月初國際聯盟開會，我國似應及早提出具體請求，此其三。

至於目前中國對於日本國交應否斷絕另是一事，軍事上與外交上必已詳加考慮，惟以上三事均不影響國交之斷否，雇用外籍人員原為我政府之行政權，其解雇原無關乎國交。至於條約之片面停止生效而並不為斷絕國交之表示，希脫勒之德國政府已先我而為之。至於國際陳訴，我國前已累次為之，所惜者以前未作具體之請求，今既以全民作戰，有進無退，則請求不妨具體，不妨擴大。或以為中日戰爭有調停之可能，不應先為已甚，變成僵局。殊不知對日治外法權之收回，與關稅行政之完全自主等步驟，均為復興中國之必要條件，正宜於各國出而調停以前我國先將此等問題解決，則以後言和結果，實有利於我國。否則經過此番重大犧牲，我國尚不

敢自動恢復其必要之主權，則此次之犧牲豈非毫無意
義。故及今撤去日籍關員，收回治外法權，正所以為日
後平等互惠之和好地步。否則今後之和好，徒增加一層
作繭自縛而已，以上各層，是否有當？敬候公決。

三　國聯會議討論日本侵華案

日內瓦顧維鈞等來電

民國二十六年九月十八日

南京外交部。大會皆以國內輿論界對於中日問題提出國
聯後態度如何，此間甚為注意，擬請向各大報接洽發表
社論，要求國聯對於日本違犯公法條約及一切人道主義
種種行為，以及非法封鎖與利用上海租界為作戰根據地
各項，嚴加指斥，並正式宣布日本為侵略國。此外並說
明我國向來擁護國聯，每年會費甚鉅，中籍職員在國際
聯合會秘書廳，雖迭經要求僅有二人。此次國聯應重樹
威信，一方面在可能範圍內積極援助，他方面對侵略國
加以制裁。惟各報持論不必盡同，以免痕迹，其中一、
二報並可主張此次國聯倘仍無具體結果，在我實可無須
繼續擁護國聯。再各報社論發表後請即電告，並授意路
透社哈瓦斯盡量發電，鈞、祺、泰。

日內瓦顧維鈞等來電

民國二十六年十月六日

南京外交部。六十七號，六日。極密。顧問委員會各國
出席代表中，英代表 Cranborne 態度尚為公正，法政府
對我固表同情，惟其出席代表額外次長態度尚佳，嗣由

法外部國聯司幫辦前駐華使館一等秘書 Lagarde 發言，對我國不利，澳大利亞代表 Bruce 發言最多，彼之主張往往與我相反，似英代表有不便直言處，由彼陳說。波蘭代表 Komanioki 初多所挑剔，意在袒日，經多方疏通，最後幾次會議彼仍不發一語，然仍根據法理程序上理由聲明不投票。希臘 Graeffe 發言太直，有時頗不客氣，彼不致以英國態度甚好。厄瓜多代表亦佳，其助我最利者為 Litvinov 及紐絲倫代表駐英總領 William Jordan 二人，均明指日本為侵略國，主張積極助我一切議論，均經我方已向該二代表面謝，並面告我方當正式向其政府致謝，請大部即分電駐蘇聯大使及駐紐絲倫領事館照辦。至委員會主席利托尼亞外長 Munthers 主持會務，極為公正，亦經表示謝忱。總之初開會時空氣頗不佳，嗣後漸漸好轉。鈞，祺，泰。

上海余銘周珏來電

民國二十六年十月九日

南京外交部鈞鑒：密譯。呈同盟電訊如下：（1）華盛頓七日電，日本駐美大使齋藤今日下午訪赫爾國務長官，齋藤首述美總統演說及國務院聲明似與向來政策稍異，請問真意所在？赫爾答云：美國本心並無改變，祇因國聯大會決議，美國亦須有適應世界的空氣之表示。齋藤又言國務院聲明指日本侵犯非戰公約及九國條約，稱日本為侵略國，不能承受，蓋日本行動並無侵略上述兩條約，乃因保護其在華權益出此行動，誠非得已。且日本首當中國赤化危險之衝，其行動僅屬自衛而已。至

日美關係迄今未見惡化，殊為可喜，萬一惡化，不獨兩國之不幸，抑亦未能改善中國之事態，日本當盡力設法速息戰事，亦望美國諒解日本立場，慎重考慮，並談半小時辭去。（2）東京八日電，日外務當局日內當發表談話表示日本對華自衛行動並無違反九國公約，對此種以壓迫日本為目的之會議，不能參加云云。職余銘、周玨叩。佳。

外交部電巴黎中國大使館

民國二十六年十月十二日

Sinoembassy London 664，Paris 603 號，十二日。現政府與人民亟盼九國公約會議即日開始，我方仍望對日採取制裁，倘英、法等詢我如何可解決料紛，應答以我方始終希望維持九國公約第一條規定，倘英、法、美等欲自擬具體提案，務必要求先與我商洽。外交部。

日內瓦顧維鈞等來電

民國二十七年五月十二日

外交部。十二號，十一日。頃晤英外長，告以中日問題理應適用盟約第十七條、第十六條，祇以各國畏第十六條如虎，現擇其可行者及以前國聯議決案各節，希望切實施行。（一）關於日本者，禁運軍火、煤油、原料，拒絕財賦接濟，勸告各國抵制日貨。（二）關於中國者，將上年十一月單開軍火、財政各項實行接濟，並對於中國軍火之購買通過，不加阻礙，並對我國一致勇毅抗戰表示歡迎。此外日本將用毒氣，關係世界人道主義

並違國際公法，請國聯預行警告，並採取有效制止辦法，如派各國陸軍武官隨時與我政府接洽調查報告。英外長謂中國代表演說已電政府考量。關於軍火通過，英國向係幫忙，當可繼續。毒氣預行警告，似屬可行。其餘各節，俟商承政府詳加考慮後，再行答覆。繼詢以國聯擔保發行中國公債是否可行？彼謂似不如信用借款之易，現正加詳細研究中，但彼言並不能認為許可云云。鈞、祺。

日內瓦顧維鈞等來電

民國二十七年五月十五日

外交部。二十七號，十四日，本日下午行政院開會，主席提出關於中國議決案，鈞演說希望各國於物質、財政、軍需及運輸等各項切實助我，並保留第十七條各條。英、法、俄代表相繼演說，會場印象甚佳，各方紛來為我致賀。法外長對於我國忠勇抗戰表示讚揚，法國在可能範圍內已助中國，行政院關於此事如有建議，法國必予以鄭重同情之考慮。英外長謂英國對於中國特別同情，以前議決案英國已盡力履行，此後中國政府依照議決案提出之件，必加以鄭重同情之考慮。俄代表謂俄方本希望議決案較現核者更為切實，現在惟望此次議定各節，得以助利中國忠勇抗戰。波蘭代表聲明棄權，但對於譴責毒氣一節表示贊同。鈞對於三國讚揚我國抗戰表示謝意。旋主席宣告議決案通過。此次國聯空氣好轉，英國尤表同情，議決案亦較以前切實，此皆我國將士奮勇抗戰有此結果，應請代呈蔣委員長轉知前線將

士,宣布行政院各國對我抗戰欽敬欣慰之意。再西班牙
請求取消不干涉政策,英、法、波蘭、羅馬尼亞反對,
俄、西贊成,我國及其餘九國棄權,瑞士中立案通過,
我及俄國棄權並說明理由,智利因修改盟約,未如其
願,聲明退會。鈞、祺。

哥本哈根吳南如來電

民國二十七年九月六日

重慶外交部。一四三號,六日。本屆國聯大會丹外長將
往出席,頃與晤談,告以日本侵略毫無止境,中國方面
勢將要求國聯採取積極手段,甚望閣下同情聲援。彼稱
北歐七國曾於本年七月共同宣言於對盟約第十六條不受
束縛,並將在盟約修改委員會提出同樣意見,但中日問
題可作例外,倘英法諸強國準備實行制裁,北歐諸國當
無異議等語,謹陳參考。吳南如。

巴黎顧大使來電

民國二十七年九月七日

重慶外交部。八三五號,七日,七八五、七八九、
七九零號電敬悉。頃與 Leger 晤談:
(一)告以此次國聯開會,我擬堅持實行盟約第十七
條,盼法贊助。彼謂此非美策動,斷無結果。為中國
計,要在與各國由外交途徑密商辦法,在國際聯合會空
論,無濟於事。鈞言我單獨抗戰逾年,犧牲無數,而各
會員國之協助未見實際,即對於禁止供給日本飛機與軍
火,亦未能實行。彼謂積極方面,英、法等因歐洲危

局，有本國擴充軍備之必要，無力援助中國。但消極方面，以法國論，凡對日關於採購軍火飛機及借款一切請求，均經婉詞拒絕，即欲購配軍器零件，亦未允准。鈞謂如停止供給日本以煤油一端，亦足以稍殺日本侵略之能力，彼謂此類提議，可向各主要國政府密議辦法，不必公開。在國聯要求，引起各方反對。鈞謂第十七條或於歐洲最近之將來亦有適用之必要，此時先施之日本，亦屬一種有利之準備。彼謂捷克問題如此緊急，並未提出國聯，即使戰事發生，各國除蘇聯外，亦無意利用已無能力之國聯。鈞謂由此觀之，國聯莫非已成死物，彼謂實際如此，但不便佈告而已。今春近在歐洲之奧國被德滅亡，國聯不能救之，而況遠在東亞之問題乎，又謂英國態度亦如是。

（二）捷克問題，彼謂現仍緊張，前途和戰未卜，全視希特勒能否了解英法決心，參加抵抗。最可慮者，希氏左右以為速戰速了，可免英法之干涉。

（三）陸大聘請法軍官教授事，彼謂似有替代德俄軍官之嫌，國防部對唐武官雖未謂無反對，其實際態度頗鄭重。最近前任中國軍事顧問法少將迪斯麥，並擬請求游歷中國、日本，國防部先已核准，業已啟程，現又召回，其對已退伍軍官如此，則對現役軍官必更限制。且事實上即使聘定，恐在歐洲現狀下之結果，仍須召回，聽候調遣云，但允轉商國防部再復。

（四）關於聶技師所擬籌購置製造炸藥等機器，彼謂原則上並無反對，囑鈞開送節略以便轉商國防部。

（五）在越扣留之得伏丁飛機四架，彼允再催殖民、航

空二部，設法放行。再以上第四項，請密陳經濟部翁部長，第五項轉呈孔院長為荷。顧維鈞。

日內瓦顧維鈞等來電

民國二十七年九月十九日

重慶外交部。十二號，十九日。頃鈞、祺晤英外次，向言中國看法，引用第十七條與履行以前通過議決案並行不悖。關於援助中國可否舉行一國聯借款，彼云國聯借款仍須由會員國擔任，不如各會員國進行。詢以英國如不能直接借款可由成立一間接借款，由英國銀行借與一友邦小國銀行，再由小國銀行借與中國，如是英國可免直接借款之嫌，且其他願加入國家，亦可加入，成為國際借款性質。至於出口信用借款，前經履談，急盼實行，如英國對此兩節有意援助，可由我國秘密派大員來歐，全權商酌，次言轟炸及毒氣問題，彼謂毒氣是否指帶有毒質之彈，抑指純粹毒氣，答以指純粹毒氣。彼謂毒氣一事，英國輿論甚為注意，但據彼所得我國及各方報告，證據嫌不充分，請多供給材料，英甚願相助。當請依西班牙例，由國聯派員視察。彼謂中國途遠，且幅員廣大，派遣人數須多，較為困難。答以二、三人已足。次言實行已通過之大會議決案，應停止供給日本軍火、飛機煤油、原料款項等，如國聯以為近於制裁，不易通過，最好由英國以外交方式向有關係各國商酌一致秘密禁止，不必公開行之。今日下午行政院討論中國問題，彼謂依照第十七條邀請日本，彼不反對，但請後如何辦法，最好現在不提。答以可行。後向言前次彼詢及

中國，是否有意借第十七條言和，中國並無此意曾向說明，但中國係應戰如友邦會同周旋，或由國聯調停，祇要尊重條約規定，中國並不反對。彼允將以上各節考量，報告政府再行答復。再祺昨晤蘇聯外長，彼謂根據日本有與德義訂軍事同盟之意，如德義開戰，日本必加入。詢以張高峯事件時，英法有無勸告俄國讓步？答云無之。再近日英法使有無向我國當局接洽第十七條，政府如何答復？乞電示。鈞、祺、泰。

日內瓦顧維鈞等來電

民國二十七年九月二十二日

重慶外交部。十九號，二十一日。今晨俄外長演說，痛斥各國妥協政策，力持保存第十六條制裁之必要。次謂中國七年中兩被侵略，蘇俄素主國聯應盡力援助中國，至對於國聯通過之議決案建議，並經忠實奉行。下午墨西哥代表演說，對於中國表示同情，希望國聯主持正義，早見和平，回復原狀。選舉行政院新會員國，南斯拉夫、希臘、道明哥當選。再頃駐法蘇聯大使語鈞謂，昨夜赤哈總統以英法兩國警告，如再拒絕英法所提調停案，英法政府不能再為力協助，故有趨向接受之意。惟法上議院長及社會黨首領與親赤閣員聞訊，對法總理與外長深為不滿，要求內閣解職，現恐法國政潮將起，渠即趕回巴黎云。鈞、祺、泰。

日內瓦顧維鈞等來電

民國二十七年九月二十七日

重慶外交部。二十號，二十六日。飛機轟炸平民問題，第二股起草委員會迭次開會，鈞又將我困難點提出，尤注重毒氣使用。乃起草委員會初次草案，對於遠東情形隻字不提，鈞言不能以我國離歐較遠，有所歧視，力為爭執。英外部對於停止供給侵略國飛機及煤油一節，認為超出討論範圍，不欲討論，一時頗成僵局。嗣經會外接洽暨本日會中爭辯結果：（一）停止供給飛機、煤油一點，報告內提及，仍俟將來由主管機關討論。（二）視察員一節，在建議案內提及，在我可據向行政院提請就地組織視察團。（三）召集大會一節，亦於報告內提請軍縮會議總委員會注意。（四）毒氣一層除重申本年行政院決議案認為已照辦外，將來視察團組成，或亦可包括在調查範圍之內。又關、鹽兩稅擔保外債，業經全部付清一節，由金使於第二委員會演講時提及。又交通顧問委員會我國仍當選，推薦鈕孝賢充任。鈞、祺、泰。

日內瓦顧維鈞等來電

民國二十七年十月一日

重慶外交部。四十號，三十日。今日上午行政院開會，通過中國事件報告。鈞發言謂，中國對於報告未能完全滿意，但第十六條實行此為初步，希望各國不久可以合作調整實行辦法，在合作以前，希望由各國先行各別實行，並保留以後提出合作調整辦法之權，一面對於以前

各議決案盼望切實履行。英代表謂，中國代表所稱係中
國政府之看法，至於英國看法，業經早有聲明，英國對
於以前各議決案，中國如有提議甚願善意切實考量云。
再彼原稿有不能贊成中國代表之看法一語，經商定彼此
將演說交換閱看，酌改刪去。該日比國、瑞典代表謂，
第十六條原則上每案須由各國自行考量，對於本案認為
第十六條可以實行。法代表謂本報告確未能認為滿意，
深佩中國代表於維持中國立場之中，仍能顧全現實狀
況。俄外長謂，俄國預備實行第十六條，但單獨施行，
效力甚微，既各國未能同意合作實行，祇得接受此項報
告。紐絲倫、道明哥均對中國表示好感。次議毒氣議決
案，決定請行政院及遠東委員會駐華外交代表調查報
告。鈞發言謂，中國本請派國際委員會調查，惜未能得
各代表之同意，現在議決案辦法如無實效，保留重提原
案。英代表謂彼所接毒氣報告，頗有出入，未及中國代
表所言之甚，現通過辦法係屬最好辦法。次議飛機轟炸
案，因本日通過議決案有於飛機轟炸之請求，大會請行
政院考量派委員會調查。鈞發言表示保留以後請派國際
委員會調查之權，行政院旋開會，再大會以歐局關係，
今日宣言休會不閉會。鈞、祺、泰。

四　國聯大會關於中日戰爭的決議
國聯大會十月六日通過關於中日衝突事件之決
議案

民國二十六年十月六日

　諮詢委員會關於中日衝突事件所提出之報告書兩

件，大會茲特予以通過。

　　大會對於第二報告書所載之提案表示贊同，關於所擬召集舉行九國公約各國聯會員國會議一節，茲請求主席採取必要之行動。

　　大會表示對於中國予以精神上之援助，並建議國聯會員國應避免採取一切動作，其結果足以減少中國抵抗之能力，致加增中國在現在衝突中之困難。又建議國聯會員國，應考慮各該國能單獨協助中國至何種之程度。

　　大會決定本屆會議現在休會，並授權主席得因諮詢委員會之請求，再行召集會議。

國聯諮詢委員會關於中日衝突事件第一報告書之結論

　　日本業以強有力之軍隊侵入中國領土，並將中國廣泛區域包括北平在內置於軍事控制之下，此為不可爭辯之事實，日本政府業已採取海軍行動，斷絕中國船舶沿中國海岸線之航行，並正以空軍在各地方大施轟炸。

　　國聯諮詢委員會根據所獲之事實加以檢討之後，對於日本以陸海空軍對中國實行軍事行動一節，不得不認為與引起衝突之事件殊不相稱，而此項行動並不能促進中日兩國之友好合作，如日本政治家所聲明為其政策之目標者。上述行動不能根據現行合法約章或自衛權認為有理由，且係違背日本在九國公約及巴黎非戰公約下所負之義務。

國聯諮詢委員會關於中日衝突事件之第二報告

在本委員會業已提出之報告中，日本所採之行動為違反日本之條約義務，不能認為正當。

建立國際法之理解，以為政府間行為之準則，及在有組織之人民相互往來間，應維持對於條約義務之尊重，乃對於各國均有重大利害關係之事。

目前中國之局勢，不祇關係衝突中之兩國，且對於一切國家均有若干關係。許多國家與其人民皆已直接蒙其影響，且世界各國均感覺和平之即當恢復與維持，此亦即為國聯所以存在之根本目的，故國聯有依照盟約及條約下之義務，以謀迅速恢復遠東和平之職責與權利。

本委員會首先研究在此種情形下，盟約對於國聯會員國所加之義務。

本委員會係按照盟約第三條而成立，該條授權大會處理屬於國聯舉動範圍以內，或關係世界和平之任何事件。

此項條文對於國聯大會之行動，未予限制。中國除其他條文外所援引之第十一條，規定國聯得採取任何辦法視為適當而有效者以保持各國間之和平。小組委員會業將情勢予以考慮，其目的在決定何種行動為適當而有效者。

現在之衝突，牽涉日本之違反條約義務，非僅由中日兩國政府採用直接方法所可解決之問題。反之，整個的形勢必須予以充分之考慮。尤要者，為應探討任何適當的方法，俾得依照盟約暨國際公法之原則及現在之條約，而重樹和平。

本委員會相信：即在此次衝突之現階段中，於研求其他可能的辦法前，應再努力，以圖用協定方法恢復和平。

國聯在謀以談判解決現在之衝突中，不能不顧及一方之為非會員國，並對本委員會之工作曾明白拒絕在政治事項與國聯合作之事實。

本委員會知悉在九國公約之下，締約各國曾同意尊重中國主權獨立與領土及行政完整，並同意如有涉及適用該約規定之情勢發生，而此項適用宜付諸討論之時，關係國家應相互為完全坦白之商討。因此，本委員會認為大會以國聯名義應採取之第一步驟，厥惟邀請簽定九國公約之國聯會員國於最早時期開始此項商討，本委員會提議，上述會員國應即開會決定實行此項邀請之最良與最速方法。本委員會又希望關係各國能與其他在遠東有特殊關係之國家聯合工作，尋求以協定方式結束衝突之方法。

各國於進行商討之時期，如認為適當，於任何時可經由本委員會之聯繫，向大會提出建議。本委員會提議大會不應閉會，並應宣告國聯對於上述任何建議，有考慮給予最充分合作之願望。本委員會無論如何應於一個月以內再行開會一次。

在上述提議之行動未有結果以前，本委員會請大會對中國表示道德上之援助，並建議國聯會員國，應勿採取足以減弱中國抵抗力量因而增加其在此次糾紛中之困難之任何行動，並應考慮其單獨援助中國能至如何之程度。

五　胡大使謁美羅斯福總統商談經過

王大使正廷電

民國二十六年十月十二日

南京軍委會委員長鈞鑒：今午陪適之兄謁羅總統，彼以中國好友資格表示數點，確有研究價值。（一）日本恒以人口蕃衍為侵略理由，中國代表不妨在九國公約會議時表示可與互商經濟問題。（二）會議時，中國代表報告中日問題固不妨避席，表示深信各國主張公道。（三）羅總統坦白詢問中國抗戰能否持久？答以「能」。羅總統謂「切願」等語，謹此電呈。正廷，文。

胡適電

今午大使覲見總統，彼甚關心戰局，問我軍能否支持過冬，當答以定能支持。彼談及九國會議日本或不參加，中國代表陳述事實後似可退席，請各國秉公商討對策，但最好同時聲明日本宣稱之困難如人口出路之類，中國願考慮以和平方式助其解決，如此則中國可得更大同情。彼又云依照中立法應先判斷戰爭狀態是否存在，而彼堅避免承認戰爭存在，實已超越憲法權限矣。又云彼今日晚將有演說，仍以求得世界公論同情為目的，臨別更囑不要悲觀，態度甚誠懇。謹聞，適，文。

六　國內外對日本侵華戰爭的反應

哥本哈根吳南如來電

民國二十六年十月二十三日

南京外交部。一〇八號，二十三日。關於遠東會議綜各外報論調，各方意見可歸納以下數點：（一）該會將用和平方法調解中日爭端。（二）經濟制裁，小國固不願參加，英美亦尚無準備。（三）日本政府態度據倫敦時報消息可分兩派，緩和派主張對華軍事藉遠東會議告一段落，要求則限於佔有察綏，樹立華北特殊政權。極端派主張澈底解決中日問題，不至中央完全屈服不止，前者主張參加會議，後者主張拒絕。（四）日本如果參加目的在辯護其立場，未必願以和平條件提出會議，供眾討論。（五）一般觀察該會將為延長性質。吳南如。

東京大使館來電

民國二十六年十月十九日

南京外交部。一四四四號，十九日。關於九國會議事，都新聞載各國將以該約名義否認偽滿，略謂歐美各國認中國排日原因在於東北失地，故難認日本行動為自衛權之行使，日本如不否認偽滿，則日本行動承認為違反非戰公約及九國公約，故日本應列舉各國之錯謬云。國民又載日本應注意上海中立案，謂中國不惜犧牲以保持上海，有提出中立案之決心，日本應迅在上海樹立戰功，以根本抹煞上項事實根據云。大使館。

巴黎顧大使來電

民國二十六年十月二十三日

南京外交部。五三一號，二十三日。頃約晤美大使交換意見。渠言：「（一）昨晚見法外長談我國假道越南事，悉法閣昨已議決在比京會議決定辦法以前，法方允准我國一切在途中之貨物通過越南。惟切望我方慎密將事，勿致洩漏。比京會議決定各國假道後，日如對法為難，各國應協助法國一致應付。（二）美政府對比京會議除首重調解外，尚無具體方案，惟希望各國本九國公約第七條之精神，開誠交換意見，共同決定辦法，美政府亦須視各國之意見，如何再定步驟。此係渠上星期離美時情形，嗣後美總統對美代表團另授訓令與否，須俟約晤美代表接洽後奉告。（三）義、德與日合作，在會態度深堪注意。（四）蘇俄向各方表示不同，惟據最近消息，除物質外難期有進一步之協助。（五）我國抵抗能力與精神，令全世界欽佩，此後國際態度仍以我國抵抗情形為實際標準。」謹聞。顧。

上海俞市長來電

民國二十六年十月二十四日

南京外交部勛鑒：密。據外人方面確息，日本前駐波蘭公使伊藤，京滬所負任務有三：（一）調整及統一陸海軍暨大使館宣傳工作。（二）與外交界密切聯絡。（三）隨時將東京政府最近政策，報知駐滬陸海軍及大使館方面人員，以免隔閡。伊藤連日與外交界方面非正式接洽，皆以中國赤化將危及各國在華利益為辭。前日

鈞約法大使那齊亞午餐，無意中談及伊藤京滬之事，並按其口氣，據云，外交界對伊藤此來不甚重視云云。德大使聞即京滬與伊藤晤面。據日大使館情報部部長田尻語人，伊藤將與意德大使交換，因日意、日德協定關係所生產之意、德兩國，在華政策具體化之意見確否，容再偵查。伊藤抨嘗與松井、長谷川討論對滬戰前途之意見。聞松井主張軍事積極進行，伊藤謂有兩點應注意，一、中國國內情勢政治上及人民心理上有逐漸投入蘇聯懷抱之趨向。二、國際對日情感日趨惡化，因此東京政府意見和蔣委員長有願與日本談判之表示，此機會不宜錯過等語，除繼續隨時注意外，謹電奉聞。上海市市長俞鴻鈞叩。梗。

東京大使館來電

民國二十六年十月二十四日

南京外交部。一四八〇號，二十四日。朝日載義大利將參加日德防共協定。略謂七月以來日堀田駐義大使到任後，即與義暗中交涉，近因蘇俄積極援華，日義問題益見接近，該協定形式原擬採相互方式，最近情勢急轉，改為義大利參加日德協定方式，駐德武者小路大使與黎本特羅大使同時訪義，即與此問題有關。又謂協定成立時期將在本月末，但稍有遲延云。大使館。

七　運用國聯決議請各國停止煤鐵輸日

外交部致胡大使電

民國二十七年十月一日

胡大使鑒：密。該大使就職伊始，朝野期望甚殷，茲將政府對美方針列舉於下：（甲）歐戰發生時各問題。（一）英美對於遠東合作，素為我國所期待，歐戰發生，英或傾向與日妥協，且必需求美國援助，我應與美成立諒解，請美嚴促英國勿與日本妥協，增我抗日之困難。（二）促請美總統實行其「隔離」quarantine 侵略者之政策，對日採行遠距離的封鎖。（三）日本企圖奪取英法在華利益，望美勿置身事外，尤以維持上海公共租界之地位及現狀為要。（乙）美國實行中立法問題。（一）促成美國修正中立法，區別侵略國與被侵略國。（二）日本未對華實行戰時封鎖前，仍望美國避免施用中立法。（三）日本斷絕中國交通時，應請美國將中立法中，禁止軍火及軍用品之輸出暨財政援助等，對日切實盡量施用。（丙）財政援助問題應繼續重視，並努力促美政府於最短期間助成對華現金或信用之借款。（丁）軍用品售日問題美國現勸商民勿以飛機售給日本，應相機商請美國擴大其勸告範圍，使煤油、鋼鐵亦不售給日本，俾各國對於國聯盟約第十六條之實施較易實現。（戊）情報問題，美國朝野之主張及活動應多方探採，隨時報告。以上各節，仰切實注意，並將辦理情形隨時電部為要。外交部。

軍委會致外交部函

民國二十七年十月六日

叔謨先生次長勛鑒：謹啟者，奉委座交下參事室王主任
遵諭，擬呈關於運用國聯決議案節略一件，奉批諭：
「此可照辦，唯對於煤油與鋼鐵不售與日本一事，應由
外交部特別注重積極進行，並可以此定為外交部最重要
之中心工作也。」除將原節略各項摘要電達王部長，照
此斟酌進行，並將原節略第三項電何參謀總長核議辦理
外，特將原節略抄錄一份，送請執事轉寄貴部查照為
荷。祇頌勛綏。

附運用國聯決議案節略一件。

弟陳布雷　謹啟　十月六日

關於運用國聯決議節略

國聯本屆集會，對於中日戰事之決議，約言之，為以下
三項：（甲）國聯盟約第十六條之適用。（乙）國聯歷
次決議案繼續有效。（丙）日軍使用毒氣問題應予調
查。茲謹分別說明以上各項決議之內容，並建議運用之
方案。

（甲）關於國聯盟約第十六條者

一、決議之內容：國聯之決議只承認各會員國有對日實
施盟約第十六條各種制裁之權，並未承認各會員國有實
施該條各項制裁之義務；因之各會員國實施與否以及實
施至何程度，均可由各會員國自行決定。

按國聯盟約第十六條第一項所規定之經濟制裁（對被制

裁國斷絕商業上、財政上之關係），原含強制性，其第二項所規定之軍事制裁，則不含強制性，可由各會員國自由裁定。今國聯決議將該條所規定之各項制裁，一律視為無強制性，在法律上確與約文原意大有出入。且就實際言，經濟制裁，倘不強制各國同時實施，任何會員國必不願單獨實施，以單獨實施匪惟獨自開罪於被制裁國，且恐他國乘機陰奪被制裁國之市場，以圖大利也。

二、決議案之運用：如上所述，第十六條制裁之見諸實行，希望殊屬微薄，即令能成事實，亦必是先經若干國（如英、法、蘇等國）相互協商，由各該國以聯合行動為之。在彼種情況之下，各該國勢必以美國有平行的或聯合的行動為彼等實行制裁之條件，然欲使美國對日禁止若干種物品之輸出，並限制財政上之往來，在美國現行法律之下，惟有實施中立法之一法。如果美國實施中立法，益以英、法、蘇對日實行制裁，則日本必向中國宣告戰時封鎖，以絕我海上軍火之運輸。蓋日本所以迄今尚未對我宣戰，亦未實行戰時封鎖者，只是畏懼美國中立法之實施。假使該法已經實施，彼將不復有何顧忌也。因此之故，竊以為英、法、蘇等國即令能同意實施制裁，其利害如何，亦須視其所允實施之範圍如何，如範圍甚狹，僅屬一種點綴性質，於我未必有利。以既不能予日本以有效之打擊，而在他一方卻有斷絕我海上軍火運輸之危險。如範圍廣闊，予日本以重大打擊，則我海上交通，即令有被敵人封鎖之危，自仍應促令實施，另從滇緬與西北方面謀軍火輸入之補救方法。

基於以上考慮，我政府對於國聯上項決議之運用，似應

如下所述：

（1）宣傳方面：在宣傳方面，我言論界及社會法團應以（一）歐局業經緩和，及（二）對日制裁，比較從前對意制裁易於生效為理由，敦促英、法、蘇數國迅即商定一種聯合的，切實的制裁而實行之，並表示，英、法諸國延不實行以致日本侵略氣焰繼長增高時，我政府應毅然要求國聯行政院，召集臨時會，決定一種所謂「調整」方案（即聯合制裁辦法），以制止日本侵略行為。

（2）外交方面：在外交方面，我政府應先敦促英、法、蘇數國商決，並實行一種聯合而有效之對日制裁。倘此種要求一時不能實現，我外交當局應向英、法等國盡力交涉，以期成立次列之了解；即我海上交通倘被日本封鎖，因之我政府促請美政府依據中立法對日實行諸種禁令時（屆時美中立法之實行，於我已無影響，美政府必樂於實施），英、法等國至少當與美國採取平行行動，予日本以打擊。

（乙）關於國聯歷次決議案者

一、決議之內容：國聯本屆決議聲明自去年十月以來，國聯歷次對於中日事件之決議案，仍繼續有效。易言之，即各會員國，在消極方面，不得採取任何足以減弱中國抵抗力量，增加中國困難之行動，在積極方面，應就如何個別援華一事，予以嚴重之考慮。

二、決議案之運用：關於前節所述制裁問題，一時或不易交涉成功。因之，我國目前外交，萬萬不可忽視此項個別援華之決議。我政府應趁此國聯休會未久之時，並

利用英、法諸國對制裁問題不肯讓步之形勢，根據本決
議案要求英、法、蘇三國，迅即確定或擴大其個別援華
之範圍。對於英國，自應注重借款一事。對於法國，仍
應注重安南交通之維持與軍火之購買。對於蘇俄，應注
重軍火供給量之擴大。

（丙）關於敵軍使用毒氣者

一、決議之內容：對於敵軍使用毒氣問題，國聯本屆決
議為請行政院理事所代表之各國，及遠東諮詢委員會委
員所代表之各國，分別派其駐中國之外交使節，用外交
方式，調查日本使用毒氣情形，報告於行政院。

二、決議案之運用：此項決議之用意，在使日本使用毒
氣之事實，經由中國以外之國家與國聯行政院，露佈於
世界。倘此種調查能不斷舉行，日人將不能毫無畏忌。
為準備及招待計，我國似可指定軍醫署、衛生署以及外
交部各派得力人員，迅即組成一種招待之組成，從事於
一切必要之準備與招待。各國使館人員，可由我分批請
其前往察看實證。分批招請手續雖稍繁冗，卻可使此
種調查不斷舉行，無形之中，或可長期牽制敵軍毒氣
之使用。

關於國聯問題之外交方針

國聯行政院雖已接受我國申請引用盟約第十七條，但
並無立即實行第十六條制裁之意，將來或將此案交付
二十三國諮詢委員會審議，以為延宕之計，我政府曩曾
訓示我外交代表，於不得已時，可接受交付諮委會之辦

法。惟諮委會之審議，或不免拖延甚久，行政院本屆休會後或延至明年始再集會，此不可不顧慮及之。且如借款等事，其成敗往往與我軍事息息相關，尤不容任其延宕，蓋愈遲則愈乏成功之望也。我政府似宜立即以次列指示，續電我出席國聯代表：

（一）我代表在會內會外應鄭重聲明，決不放棄實施國聯盟約第十六條之要求。

（二）如英、法等國堅主將此案先付廿三國委員會審議，或其他委員會審議，我代表在次列條件下可勉予同意：

（甲）國聯行政院於休會後一個月內召集臨時會，審議諮委會之報告，決定第十六條實施問題。

（乙）在行政院下次集會前，與遠東有特殊關係之英、法、蘇、比等國，允依照國聯曾經通過之決議案，與中國政府切實商定個別援助中國之辦法（注重借款與軍械運輸兩事）。

（丙）在行政院下次集會前，國聯會員國，允照美國政府辦法並略加擴充，勸告其本國商人，勿以飛機、煤油及其他軍用品售與日本。

以上條件，可嚴促我代表盡力做到，但一面似仍須給予彼等以自由裁量之權。

外交部電海牙哥本哈根奧斯陸等代表電

民國二十七年十月十二日

Sinodelegate Stockholm 137, Oslo 91, Copenhagen 123, The Hague 202 號，十二日。盟約第十六條既經決議，認為適用各國自應立即停止給予日本任何援助，即所謂

Oslo 團體雖認十六條具任意性，但對中日問題仍有適用之意，我國切望各會員國立即以法律或命令，禁止以軍火售於日本，若此項步驟果有事實上之困難，則至少限度須先勸告本國出口商勿再以軍火供給日本，尤以鋼鐵、飛機與煤油最關重要，勿令直接或間接輸運日本。自美政府表示不願本國商家出售飛機於日本後，事實上頗收成效，現正商請美政府將此態度推及於其他軍火及經濟援助，更望國聯會員國以最有效之方法履行其義務。除分電外，仰切商駐在國政府辦理具報。外交部。

八　外交部對駐外使節的指示

外交部電莫斯科中國大使館

民國二十七年十月二十二日

Sinoembassy Moscow，日犯廣東，武漢附近亦極緊張，各國似應於此時有嚴正之表示。蘇聯對遠東局面關係最切，可否單獨或聯合英、法、美向日本為嚴重之警告，希即密商蘇聯政府電復。外交部。惠，十、廿二。

外交部電華盛頓中國大使館

民國二十七年十月二十二日

Sinoembassy Washington, D.C，昨日部長約晤美大使，告以日侵廣東形勢緊迫，美政府對現局究取如何態度，我方切望美方予我更大之協助，俾增強我抗戰力量。同時並盼美方出而周旋，主張公道，以謀和平。英、法、蘇聯均惟美國之馬首是瞻，美國若主張採取有效步驟，他國不難追隨。美大使允即電政府，惟謂據彼所知，現

日方尚無和意，且美亦不願僅充一傳話人，倘和平條件，顯係違反九國公約者，亦非美國所願與聞云云。特電接洽希於會晤美總統或外長時，力請一面加緊助我，一面運用其力量促成公平合理之和平。外交部。

外交部電倫敦、巴黎中國大使館

民國二十七年十月三十日

Sinoembassy London, Paris，八七五、八四三號，十月三十日。美政府最近致日本照會雖仍以彼本國利益為立場，尚不失為一種嚴正表示，倘英法採取同樣步驟，或可漸漸促成國際行動，希即密商英法政府迅向日本遞送同樣或措詞更為強硬之照會。外交部。

外交部電華盛頓中國大使館

民國二十七年十二月二十九日

Sinoembassy Washington, D.C，一二四五號，二十九日。國聯行政院一月十六日舉行例會，我方深望美政府對於（一）援助中國。（二）制裁日本。（三）對日報復。擬就具體方案，於會前密告我方及英、法政府，俾可促成國聯採取同樣步驟，希速密洽。外交部。

外交部電巴黎中國大使館

民國二十八年一月十日

顧大使、郭大使九四二、九四六電悉。

（甲）此次國聯行政院會議，關於中日問題，我方應就事實方面說明：

（1）日本之繼續積極侵略。

（2）我國堅決抗戰之不變政策。

（3）日本主張所謂東亞新秩序，實欲完全主宰中國，攫奪第三國在華權益，破壞門戶開放原則，廢棄九國公約，擾亂遠東秩序與世界和平。

（乙）國聯對中日問題，歷屆會議僅有空言決議，而未見實行，深為遺憾。故我方此時應要求各會員國依照盟約第十六條，具體援助中國，具體制裁日本。至少：

（1）在經濟上、財政上積極援助中國。（包括發展西南建設、救濟難民等用途）

（2）對於中國之抗戰不予阻礙，包括軍火之通過會員國境。查中國與有關係會員國之現行條約，對於軍火之通過原無限制。況依照國際慣例，軍火通過應屬自由。而國聯盟約第十六條既已適用，其第三項且規定軍隊之通過應予便利，軍隊尚得自由通過，況軍火乎？

（3）停止對日任何接濟，尤以飛機、汽油及鐵為最要。

（丙）上年九月卅日報告書第五段謂：調整各會員國所採辦法之各種要素，尚未能確認為已經具備。此項認定中國自始即難苟同，此次應要求設置調整委員會，至少由行政院指定或邀請與中國最有關係之國，首先實行國聯決議案之實施辦法。

（丁）九國公約會議與諮詢委員會，應相度情勢，要求繼續開會。

（戊）此次行政院決議文中，應參酌美國上月卅一日致日本照會，明白否認日本對於條約與第三國正當權益，東亞新秩序種種詐欺強霸主張與行動。

China's Appeal to the International Community After the Marco Polo Bridge Incident

（己）我代表應在會外與英、法、蘇等國代表切實密
洽，促成上開（乙）節（1）、（2）、（3）項之實施
及對日有效的報復行動。並同時與美接洽採取平行行
動。（訓令完）
本部已迭電胡大使探詢美方能與國聯合作至如何程度，
尚未得具體答復，如有消息，當即電知。外交部。

外交部電駐美國蘇聯大使館原文

民國二十八年四月十五日

密。關於中日事件，我決請求下月國聯行政院例會設立
調整委員會，策動制裁或至少設一範圍較小之委員會，
由與遠東有特殊關係各國首先參與，並重申下述具體要
求：（甲）一、予我以財政及經濟之援助。二、不得採
取增加我國抵抗困難之措施。三、我國軍用品之過境及
運輸，應保證予以便利。（乙）一、直接或間接禁止日
貨輸入。二、禁止對於日本供給原料，尤以飛機及汽油
為最要。三、對於日本施行商務及經濟報復。除上述各
項進行尤其是甲項第一、第二兩款，均望美國、蘇聯合
作或為合作之聲明外，並希能會同英、法、蘇、美等國
發表共同或個別宣言，聲明一、遠東之國際秩序，應迅
速恢復，以免危及世界和平。二、日本之違法侵略行
為，應即停止。三、有關遠東之國際條約應予尊重，不
得以片面行為破壞之。四、各該國在華權益，未經合法
商妥變更，應予尊重。並盼能續貸我國以鉅款。所有進
行情形除電部外，並希與顧大使逕洽。外交部。

外交部電駐日內瓦代表

民國二十八年五月二十三日

駐日內瓦代表，八三三號，五月二十三日。日本對加入德義軍事同盟尚在躊躇，顯欲藉此要挾英、法以收不加入之利；而一旦時機成熟，日本又可加入德義同盟，攫奪英法權益，以收加入之利。日本此項狡滑態度，英法應早看透勿墮彀中，致貽後悔。此意曾面告英大使，彼亦認為重要，已電陳政府，希再向英法代表切實提醒。外交部。

第三節　九國公約會議有關中國抗戰的討論

一　九國公約會議前各國的態度

不魯塞爾錢泰來電

民國二十六年十月十二日

南京外交部。二一六號，十二日。頃晤英使 Clive，詢其九國公約開會手續及會議綱要。彼謂政府訓令僅令徵求比方同意在比開會，他無所及。彼居遠東十年，兩至日本，謂國聯與遠東情形毫無所知。空言斥責，徒增日本惡感。經濟制裁及抵制日貨絕難實行。日本因去秋對華交涉失敗，有傷面子，致有此次事件云云。除面加解釋外，謹聞。錢泰。

東京大使館來電

民國二十六年十月十四日

南京外交部。第一四一六號，十四日。密。英國使館息，英大使前日晤堀內，日方對參加九國會議與否尚未明確表示，大概意存觀望，視召集之議題及各方態度而定，但參加可能究甚微薄。又此間外交團人員覺國聯大會十一月十日開會，必須有新依據始可討論，故九國會議勢在必行，惟參加國以了事為目的。國聯已對日嚴屬譴責，不致在會議中再予日本以難堪云。大使館。

巴黎顧大使來電

民國二十六年十月十五日

南京外交部。五一〇號，十五日。六一〇號電敬悉。頃訪法外長，告以我國希望早日開會，現在日本在滬使用毒氣業已證實，彼似將於未開會前，不擇手段，急謀速勝，益使戰局愈難收拾。渠言比京開會，比政府尚未正式答復。鈞告以比方懷疑各點，渠謂根據國聯議決案召集既有未便，盡可依據九國條約為之，要在會議開成，根據一層無關宏旨。邀俄德問題，渠意兩國在遠東俱有重要利益，須併邀參加，或兩均不請。至日本態度，渠謂十九不肯參加。鈞言日如不來，會議益須採取一致堅決態度與具體辦法，最近美當局重視會議態度轉好，未始非啟歐美合作維持世界和平之朕兆，渠頗以為然，惟慮義德在會中為日作倀，難期一致。鈞謂此次英法對義又讓步，允將西事再在倫敦開委員會討論，如能就此圓滿解決，於遠東問題不無裨益。渠言希望少，料義之用意在逗留西境，但不得最後勝利云。顧。

附註：六一〇號去電，係九國公約會議地點議定比京，我方盼開會愈速愈好由，電報科謹註。

不魯塞爾錢泰來電

民國二十六年十月十八日

南京外交部。二二四號，十八日。二二七號電敬悉。代表事尚未通知，因向比外部探詢，據云現允到會者僅英、美、法、坎拿大、中國五國，均尚未通知派代表，代表人數並無規定。比國派若干人亦尚未確定。詢諸

英、法亦云未定。至是否正式派令，各國情形不同。比國情形，如須簽約應用王詔，並備全權證書，大會僅係會議，則用閣令。查華府會議時各國有爭執代表一人者，有派三人者，經與顧、郭兩使商酌，中國利益較巨，似不妨用命令派代表三人，全權證書不妨備寄，如何？仍乞酌示。泰。

附註：二二七號去電，係我國代表銜名已否通知，應否有全權證書，他國代表是否由政府正式合派，仰查復，電報科謹註。

不魯塞爾錢泰來電

民國二十六年十月十八日

南京外交部。二二五號，十八日。德使來詢以九國公約會議德國如被邀請，是否有意加入？彼云須視義大利態度如何而定。但以彼意見自以有關係各國悉行加入為妥。銀行界友好謂九國公約會議恐無甚結果，提議調解而調解不成，勢將就此了事，因英國須兩年後方能作戰。現在美國態度較好，而英國仍主延宕，即抵制日貨，政府亦復審慎。此間比人見上海通信，蘇聯大使回國報告，謂中國軍隊祇能支持一、二月，俄國如不於此時出兵，恐日在華北根基一固，無法進攻，頗為注意，紛來詢問究竟。泰。

莫斯科蔣大使來電

民國二十六年十月二十一日

南京外交部。一一五二號，二十一日。密。此地美國大

使夏季他往，兩星期前始返莫，職近與談數次，彼意中
國若趁比京會議與日妥論，雖有所失，亦有所得，不可
如交易所投機者，待市價大落後始出售也。職告以中國
自始即不孤意獨行，妥協方案須真能保持和平，否則徒
勞無益。日方策略擬在上海表示退讓，藉以得列強承認
其在華北之特權。華北五省自治之說，固斷非我國所能
承認，即冀察亦不能特殊化，蓋平津兩埠在華北之重要
有如紐約波士頓，中國民族絕不能放棄也。察省關係國
防，倘在日手，日蘇關係亦不能好轉。此外則或可略予
日本便益云。彼見職未提東北，即云或者滿洲可作妥協
之資，職未置可否。三日前彼約職午餐後又久議，即時
照職所言擬致美總統電稿，並請職校閱後即拍發。職後
問現羅斯福既已發動，如中國加強在美宣傳，總統在國
內地位豈不更好，彼大為所動，且願在後臺協助。職已
電告儒堂並電委員長撥款，如鈞部認此舉可行，務請促
其從速實現，以上各節乞嚴守秘密。職蔣廷黻。

惠靈頓汪豐來電

民國二十六年十月二十六日

南京外交部。第廿七號，廿六日。五十五號電敬悉。往
謁紐國務總理薩威基氏，遵令面商。薩氏表示對於九國
公約會議抱極懇摯希望，願仍本前此在國聯之態度，再
於該會議中贊助我國。當即訓令出席代表切實遵行，又
論及國際經濟制裁，謂為對付侵略國之有效方策等，因
謹電陳。汪豐。

附註：五十五號電，我方切望紐政府在九國會議積極贊

助我，仰轉商電後，電報科謹註。

約翰尼斯堡章守默來電

民國二十六年十月二十七日

南京外交部。第八七號，廿七號。接斐政府文謂：出席九國會議代表，當依照國聯認日本為不當之決議，與各國代表合作，對於維持條約尊嚴及中國主權尋一解決。章守默。

柏林程天放來電

民國二十六年十一月一日

南京外交部。五六五號，一日。柏林日報著論評九國公約會議謂：自蘇俄勢力在遠東伸張以來，九國公約之形已變，日本所謂九國公約已不適應現局，頗近事實。英、美現亦知東亞事變轉劇，則蘇俄將收漁人之利，故英人已不贊成在會議對日施以懲罰。其結論語甚含蓄，但隱示會議似可牽就事實，以求得和平之基礎云云，謹電聞。程天放。

加爾各答總領館來電

民國二十六年十一月二日

南京外交部。二二號，二日。部、次長鈞鑒：一四九號電敬悉。出席九國公約會議印度代表係由英國選定，意見與英國一致，印度各地民意均同情我國，紛紛開會反日，詳情另達。總領館。

附註：一四九號去電，印度政府參加九國會議仰探其對

我態度，並轉商助我由。

駐約翰尼斯堡總領事章守默來電

民國二十六年十一月十五日

案查本年十月十九日職往見斐聯外交部長鮑登斯坦 Dr.Bodenstein，職問九國會議將在比京舉行，聞比國政府業已向貴政府發出邀請書，貴政府將採取何態度？彼答謂當派代表出席。惟國聯對於中日事件，一面譴責（Condemn）日本，以致不留餘地，使日本無從加入謀以和平方法解決爭端之會議；一面國聯又無武力可為後盾，以致造成今日之僵局。據彼之意，國聯對於日本之陳訴，亦應予以考慮，如日本所稱因人口過剩，不得不向外找出路，又中國不遵守某種協定等等。職當告以日本侵華各地，其人口之密度超過日本。至中外所訂條約，中國向來遵守，日本在華實際上之利益，往往超過中國在條約或協定上所負之義務。彼謂國聯欲為世界和平盡力，似須考慮如何方可實際做到，今一面杜塞日本參加會議之途徑，一面又無武力執行其裁判，總不是辦法云云。所有與斐聯外交部長關於中日事件談話經過情形，理合備文呈請鑒核。謹呈外交部。

駐約翰尼斯堡總領事　章守默

二　日本拒絕參加九國公約會議情形

日拒絕參加九國公約會議之覆文及聲明要旨

民國二十六年十月二十七日

敵政府於十月廿七日臨時開議，正式決定拒絕參加

九國公約會議後，旋由外務省接見英駐日大使克萊祺、
美大使格魯及比大使皮爾，面交如左之覆文，請為轉達
各該國政府。同時由內閣發表聲明：

（一）對英美比覆文

　　帝國政府，關於美國政府所同意，英國政府所請求
對於一九三二年二月六日九國公約簽字國，根據同約第
七條為檢討東亞之事態，及考究和協手段以促使該地遺
憾紛爭之終結，提議定於本月卅日在不魯塞爾開會一
節，業已正式接獲本月廿日比國政府之請柬。

　　國際聯合會，在本月六日關於中日事變所採擇之行
動，為對於中國之極端排日抗日政策，尤其以實力挑撥
之行動，所不得不採取之自衛措置。其在九國公約範圍
之外，已由帝國政府加以聲明。

　　聯合會，在其決議中對於中國，更進而表示精神的
援助，且對於聯盟，凡足以減少中國之抵抗力及增加中
國在現在紛爭中之困難者，獎勵停止其行動，且須考慮
各別可以援助中國之程度。此點顯係漠視對於欲中日兩
國之真摯的協調、以實現東亞和平並貢獻於世界和平之
帝國公明的意圖，而參加紛爭國之一方，以鼓勵敵對的
意識。此其所為，決非促進解決本事件之方。

　　比國請柬雖未言及此次會議與國聯之關係，但國聯
在上記決議中，實已暗示九國公約當事國之聯盟國會
議。而美國政府，不但同意召集此次會議，且已聲明支
持國聯十月六日之決議，故不得不使帝國政府，認為此
次會議，顯係出於根據國聯決議而召集者。而國聯既下

有關帝國名譽之斷案，且對帝國，復採非友誼的決議，又不得不使帝國，認為此次會議難期由關係國舉行充分而無隔閡之交涉，以使中日事變導於根據現實之公正妥當的解決。

再則，此次中日事變為基於東亞之特殊事態，且與中日兩國有生存攸關之重大關係，若由對於東亞利害關係不同，甚至毫無利害關係之各國，開會解決，其必反使事態益趨糾紛，而有妨礙正常之收拾，則為帝國所確信不移也。

根據以上觀點，帝國政府不便接受比國之招請，實深遺憾。

抑尤有進者，此次事變，實基因於中國政府扶植國民抗日意識，獎勵其抗日運動，並與赤化勢力相勾結，掀起排日抗日之風潮，以威脅東亞和平之多年所定之國策，故其解決之要諦，自在中國政府自覺中日兩國安定東亞之共同責任，並自省自戒以轉向於中日提攜之政策。帝國所期待於各國者，為充分認識此種要諦，惟根據此種認識之協助，始足以謀東亞之安定。

（二）聲明要點

一、中國之一貫的對外政策在排外，尤其採取蘇聯容共政策以來，此種排外政策，益趨尖銳與露骨。而最近十年間，此項排外政策之主要目標，專對帝國。帝國向信東亞各國之提攜親善，為東亞安定之樞紐，故曾極力謀其實現。然而國民政府，不但對於帝國此種態度，未與同情，抑且以其排日武器對於帝國在華之權益，有

非使之潰滅不已之概。帝國政府，深憂此種事態，一再隱忍，幾度促使國民政府之猛省，而終未獲得效果。而自去年西安事變發生之後，國民黨與共產黨之間，成立妥協，共產份子則在抗日旗幟之下，企圖攪亂華北及「滿洲國」之治安，勢之所趨，遂致引起本年七月七日，華軍在蘆溝橋非法射擊日軍之事。

二、此事發生後，帝國政府旋即立定就地解決與不擴大事態，以免釀成大事之方針，而忍受作戰上多大之犧牲，中止派兵，決心放過戰爭之時機。故歷二十餘日之久，並未積極的軍事行動，而仍盡其慎重處理之手段。不料國民政府，蹂躪何梅協定，陸續調派直屬部隊，以威脅帝國之軍隊，並煽動當地之華軍，遂使事態發展至於全面的衝突，而使帝國無由再取慎重態度，及施行就地解決之方針。由此可知此次事變之根源，顯係由於國民政府之澈底的排日政策，故帝國亦不得不為自衛而蹶起，並乘此機，再求國民政府反省，以確立東亞百年之和平。因此關係，解決此事變要諦，僅在國民政府，翻然痛改前非，拋棄其排日政策，並協助我國中日提攜之國策而已。

三、顧使國民政府近年狂奔於排日之一重要原因，為在滿洲事變時，國際聯盟漠視東亞實情所作之決議，既已招致鼓動中國排日政策；此次國聯又復接受國民政府之申訴，並僅據其虛偽的報告，對我九月廿七日轟炸防備最嚴之南京及廣東之軍事設備，則認為轟炸毫無防備之都市，而為責難帝國之決議；更於十月六日國聯大會，斷定帝國之行動，為違反九國公約及非戰公約，且

進而公然採取援華之決議。凡此所為，不外支持國民政府，欲以各國干涉以抑制帝國之奸策，益足以鼓勵中國抗日之決心，而使事態更難收拾，實不得不謂為重演往年之錯誤。各國如能理解帝國之真意，而對國民政府出以促其反省之適切措置，方足以開協同帝國解決事變之途徑。

東京駐日大使館來電

民國二十六年十月二十八日

南京外交部。一五〇二號，廿七日。（一）日對九國會議拒絕參加之回答文，下午六時由廣田面交比大使，原文如次：前段敘本月二十日接到比國招請，請略以國聯大會本月六日關於中日事變所採擇之報告中，根據當事國一方之陳述，斷定日本在中國現在所採行動為違反九國公約，此次日本在中國之行動，乃為對於中國之極端的排日抗日政策之強行，特別對於其實力之挑戰行動，為不得已之自衛措置，其在九國公約之範圍外，為帝國政府所已聲明者。聯盟大會更進而於其決議中，對中國表明精神的支持，且以勿有足以減弱中國抵抗力，或增加中國現在紛爭上之困難之行動，並各自應考慮可援助中國之程度等決議。各聯盟國似此對於依中日兩國之真摯協調，實現東亞和平以期貢獻於世界和平之日本公明的意思，予以無視，左袒紛爭當事國之一方，而鼓吹其敵對意識，決非促進該項紛爭之解決之道也。（二）比政府招請中對此次會議與國聯之關切毫未言及，但觀前述聯盟決議，曾暗示九國公約當事國之聯盟國會議一

事，又鑒於對美國請求召集此次會議之美政府，十月六日曾發表聲明支持聯盟決議之事實，日政府不能不斷定此次會議，為與國聯決議相關聯而召集者。然如前所述國聯曾有攸關日本名譽之斷定，且對日本有採擇非友誼決議之事，實在不能不認為此次召開之會議，終難希望由關係國間為充分而坦白之交涉，使中日間之事變得有切合實際而公正妥當之解決也。（三）況此次事變基於東亞之特殊事態，且於中日兩國生存有莫大關係，故於在東亞之利害程度不同，甚且含有毫無利害關係國家在內之多數國家開會，以謀其解決，徒使事態益趨紛糾，大有妨害於其正當之收拾，此乃日政府所確信者。日政府本以上觀點憾不能接受比政府之招請，抑此次事變實為中國政府多年之國策，扶植國民抗日意識，獎勵其排日運動，更與赤化勢力勾結，激化排日抗日之風潮，以威脅東亞和平之結果，故其解決要諦在中國政府自覺中日對於東亞安定之共同責任，以自索自省轉變為中日提攜政策。日本可望於列國者為列國充分認識此要諦，惟有基於此種認識之協力，方能貢獻於東亞和平。大使館。

日本政府對九國公約會議之復文

民國二十六年十一月十二日

日本政府接准十一月七日以九國公約會議名義送來之文件，欣悉與會各國在該文中所表示之意見，係經審慎考慮之結果；惟日本政府以為，該項意見未足以使日本政府變更其十月二十七日復文暨同日聲言中所表示

之見解，殊以為憾。與會各國聲言準備派遣代表與帝國政府代表，依據九國條約交換意見，然日本政府不得不保持其見解，以為日本既迫不獲已而採取目前之自衛行動，則此項行動自不在九國公約範圍之內，且日本政府既經被指為破壞公約之條款，自不能同意參加根據該約條款所召集之會議。目前事件既發生於遠東特殊之情勢，故最適當公允之解決，惟有於有直接利益關係之雙方努力商談中得之。日本政府深信以集體機構，如比京會議所為之干涉，徒刺激兩國之民情，而使各方引為圓滿之解決更不易得。然使各國於明瞭上述見解以後，依據實際情形對東亞之安定有所貢獻，則帝國政府深表欣慰。與會各國聲言凡在遠東有利益之國家，對於目前戰事均甚關切，而全世界亦以戰事影響國家團體中各國之安全引以為慮。日本政府更願明白揭示者，即盡力尊重外國在華之權益，而所最重視者要在圓滿解決此次事件，以確立東亞永久之和平也。

九國會議答復日本第二次復文聲明書草案

民國二十六年十一月

（此件提交本日下午四時，即南京下午十時九國會議表決）

　　答復日本第二次復文聲明書，現已由美、英、法三代表團共同擬就，其文如下：

　　第一節　在比京集會之各國代表，曾於十一月七日致文日本政府，茲接閱日本政府十一月十二日復文，日

本政府仍稱中日爭端不在九國條約範圍以內，並重行拒絕與與會各國交換意見，以求完成該項爭端和平之解決。各國代表殊深抱憾。

　　第二節　查日本政府對於本事件之結果及本事件所牽連之利益，其看法與其他大多數各國及全世界迥不相同，甚為明顯。日本政府堅持本事件係中日兩國之爭端，故僅與中日兩國有關。對此，現在比京集會之各國代表，認為就法律上立論，此項爭端與九國條約簽字國及一九二八年巴黎公約簽字國互有關聯，而就事實上立論，則與國際團體中之一切國家均有關聯。

　　第三節　查在九國公約中，簽字各國確認各該國志願採取一種指定之政策，以安定遠東之情形，並同意在各該國與中國之關係，及中國與各該國中一國之關係上，應適用某某各種指定之原則。又查在巴黎公約中簽字各國同意「簽字各國間如發生爭執，無論其性質如何，原因如何，除採用和平辦法以求解決外，不能求其他解決之辦法。」以上兩端，實難否認。

　　第四節　中日兩國現在之敵對行為，不惟影響各國之權利，且影響一切其他各國物質上之利益，實難否認。此項敵對行為，使第三國若干人民喪其生命，使第三國多數人民陷於絕大之危險，使第三國人民財產受普遍之損害，使國際交通、國際貿易歸於停頓，引起擾亂之情形，發生損失。各國人民對之均有一種敵對憤怒之

感慨。全世界對之均有一種不定之憂慮。

　　第五節　職此之故，在比京集會之各國代表，認該項敵對行為及各該國因此現在所處之情狀，自與各該代表等所代表之國家互有關聯。不僅止此，且與全世界互有關聯。在彼輩目光中，不僅涉及遠東各種關係問題，且涉及法律及世界治安和平有秩序之前進問題。

　　第六節　日本政府在十一月十二日復文中，引十月二十七日覆文，堅稱日本對華之使用武力，係動於欲使中國拋棄其現在政策之願望。在比京集會之各國代表，應指明法律上並無何種之依據，承認任何國家得使用武力，以干涉他國國內之制度。自認有此種之權利，結果必造成爭端之永久原因。

　　第七節　日本政府力辯謂：此次爭端應由中日兩國間進行解決。若謂以此項解決方式可得到公允而持久之解決辦法，殊難置信。現在日軍開入中國領土者，為數甚鉅，並已佔領其廣大而重要之區域。日本當局曾經斷言，其目的在消滅中國決心抵抗日本意志及要求之能力，日本政府又斷言，中國之行動及態度實違反九國公約。然而中國茲以充分坦白之態度，與該約其他簽字國從事討論此次爭端時，日本又拒絕與任何他國進行商討。中國當局已再三宣言謂：實不能單獨與日本以合議方式談判解決。在此種情勢之下，若使中日兩國間直接商談，任何人均不能置信，在將來簡短時期以內可得到

任何解決，對中日兩國允予和平，對其他國家保障安全，而在政治經濟方面保持和平之安定，且以為此次爭端若全由中日兩國商議，則武裝衝突仍將繼續進行，訓至生命財產重受損害，秩序紊亂，情勢日非，災難迭乘，仇恨橫行，此種擾亂情形，勢必遍及全世界，不知伊於胡底。

　　第八節　日本政府於其最近復文中，請參與比京會議各國根據實際情形對東亞局勢之安全有所貢獻。

　　第九節　比京會議各國代表之意見，以為實際重要情勢者，即代表等上述引為注意之情事也。

　　第十節　各國代表在比京集議，基於上開理由，堅信公允而持久之解決，決難期待於當事雙方間之直接交涉，以是致文日本政府，邀請帝國政府與各國代表，或由會議推選少數國家代表進行會商，希望藉意見之交換以期接受其調停，而對於圓滿解決，有所臂助。

　　第十一節　各國代表仍信當事雙方，倘同意停戰，俾可乘機試行解決方式，或可達到成功之目的。中國代表團對於此項解決方式，具有充分興趣之準備。參與比京會議之各國代表，對於日本堅決拒絕討論此種辦法，殊難了解。

　　第十二節　參與比京會議之各國代表，雖則希望日

本將不固執拒絕，然遇有國際公約之一方固執其與所有其他簽字國相反之見解，而謂其所採取之行動並不在該約範圍之內，並要求將其他簽字國所主張對現狀適用之公約條款一概抹煞，在此種情勢之下，各國代表不得不考量其共同應取之態度。（此項草案在討論通過之前，極端秘密）。

日本對於九國公約反對之點及其所根據之理由

民國二十八年十一月八日

（外交部送參考資料）

日本反對九國公約之規定，有從條約精神上根本予以反對者，有以情勢變更為理由反對該約者，此後者之中，更有反對該約全部（主張廢約），或反對其一部（主張修訂）之區分。至以情勢變更為理由者，其所指述之事實，或謂存於世界情勢，或謂存於遠東情勢，或謂存於中日關係，或謂存於中國政府之政策行動，茲分述如左。

第一、從該約精神上反對該約者：

九國公約之核心，在保證中國主權獨立與領土完整，並維持中國之門戶開放主義，此係漠視中國主權而使之殖民地化，純係基於時代錯誤的思想，與以中國為完全獨立自主的國家之思想相矛盾。

註：此種主張僅係少數，不占勢力。

第二、以情勢變更為理由者（並非一致承認國際法上已確立「情勢變更」之原則）：

一、世界情勢變更：日本為確保東洋之和平，對於中國

門戶開放機會均等原則，不能無條件的予以承認，應加以限制（主張建樹新原則）。

二、遠東情勢變更：因中日戰事日本冒莫大犧牲占領中國領土之大半，遠東情勢發生重大變化，日本以外之九國公約締約國（第三國）其對華關係，不能要求與日本享有同等的地位。

三、蘇聯之發展與強大：此為締約時所未料及者。

四、蘇聯占領外蒙並控制新疆，為破壞九國公約，但各關係國並未提出異議。

五、存於中國方面之情勢變更事實。

（一）因中國排外與抗日運動，係蹂躪該約之精神。

（二）因中國抗日運動，使中日關係不能調整，日本不能履行第一條第二項（發展並維持鞏固有力之中央政府云云）之規定。

（三）因國民政府之容共抗日，致將門戶開放之原則予以破壞。

（四）華盛頓會議通過之決議案如：（一）關於裁減中國軍隊議決案。（二）關於遠東問題審議局之議決案中國均未行之，該議案與九國公約有連帶而不可分的關係，是不啻中國已自行廢棄或先自違反九國公約。

（五）中國無誠意履行公約第五條，關於鐵道運費之規定，對各國及日本之抗議，並未照辦。

註：按日方既不能反對尊重中國主權，其所主要反對之條款，專為門戶開放機會均等之原則。此點輿論界與政府方面，似漸趨一致。至主張廢棄或修訂，則似著重修

訂。惟其手續則有主張以日本之見解照告關係國，主張該約已歸消滅者，有主張先根據第七條，以各國交涉，如各國不同意再聲明脫退者。但此均係評論界之意見。日本政府則尚無具體表示。有田前外相本年一月在日本議會答問稱：（一）英、美兩國均曾表明有與日本商議修改九國公約之意思。（二）九國公約有與東亞新情勢不相適合者，但是否予以廢棄，目前尚不能明言云云。

三 九國公約會議情形

不魯賽爾郭大使等來電

民國二十六年十一月三日

南京外交部。會六號，三日。昨晤艾登，彼甫與比、美、法代表會議，今日議事日程擬由比、美、英、法及其他各國演說一日而畢，第二日擬組織小組委員會秘密會議討論進行調停。比外長主張再請日本，似係義大利授意，英、美、法均不贊成，業已打消，外面傳說英國主張顯係一種空氣。彼謂日本不願英美調停，但以彼所得消息日本似亦願了，英國願與美合作，舍此則英國此時因歐局關係，無力兼顧。如禁止煤油問題，和蘭非英美聯合保證其和屬南洋群島之安全則決不敢參加，彼願從速進行，不主拖延，副會長彼不允擔任。嗣晤法外長，彼謂法國甚願相助，英法均本不願發言，因須發言，祇得從眾。據駐日法使報告，日本一部份人主張和平，陸軍、空軍業已顯其身手，似亦適可而止。惟海軍妒功，頗願繼續作戰，義大利聞將作梗，葡萄牙未必有何主張。又晤蘇外長，彼對於會議前途極為悲觀，以為

不過重演倫敦不干涉委員會故事，別無結果，彼不擬發言，此來僅係作客，即委員會亦不擬加入，因有人謂彼如加入，日本必不願受調停。彼謂德義一來一不來，因德國往詢日本時，日本答以彼決不來，希望友邦亦不來。嗣因日本駐外使節紛紛電述參加之利，駐美日使吉田主張尤力，故義大利往詢時日本辭意鬆動，謂彼雖不來，如義大利參加，彼不反對，並希望其在會中為日張目。又謂義大利急欲加入日德協定，不日即可簽字，意在對英法示威，但僅加入公布之協定，至秘密協定則不屑加入。彼謂外蒙取消自治等等並無其事，純係日本宣傳。至放鬆外蒙，恐徒為日人造機會，助其組織全蒙古國之計劃。謹聞。郭、錢。

不魯賽爾顧大使等來電

民國二十六年十一月四日

南京外交部。八號，三日。九國公約會議今日上午開幕，由和蘭代表提議，英、法、美、義贊成，公推比國外長為會長，前駐華代辦戴福被選為秘書長。首由比國外長致歡迎詞，繼謂西班牙事件後發生遠東事件，幾使今晨疑為世界大戰之先聲，德、日不來，深為可惜。就德國復文觀之，查其不來或為暫局，至日本復文應加以詳細考慮。本會議並非一種國際法庭，目的在停止戰爭間之衝突，均可以調解或仲裁加以解決。臺維司謂戰爭與世界各國皆有關係，損條約之尊嚴，造財政經濟之恐慌，既無條約根據，吾人亦應討論。華盛頓會議各國對於中國前途抱有一種信念，即深信中國民族必能自拔，

年來中國進步，此項信念經已證實。不幸中日戰起，不
特中日受損，世界各國感受其害，吾人應設法尋覓雙方
可以接受根據條約之公平條件。美國此來除條約外，別
無他種義務。英外長謂戰爭易於傳染，即係局部戰爭，
亦與全世界有關，日本雖未來，不能減少吾人恢復和平
之努力，希望到會者努力合作，英國願以最大之合作求
和平之實現，應速即組織小委員會以利進行。法外長謂
吾人應從速進行積極工作，不特對於人類之義務，亦為
維持和平及公平之義務，如意存自私不加盡力，反有被
牽入漩渦之危險。尊重條約為文明生存之原則。華盛頓
會議各原則，諸君當公論其永久價值，希望雙方同意予
公平榮譽之條件，則世界恢復和平此其發軔。義代表謂
此次會議之任務，首限於不能用強制方法並不能施行譴
責，恢復平和固屬願望，但欲求爭端不再發生，不應僅
調查爭端直接之起點。因何方啟釁，往往不易判明，東
三省、大廈谷兩次國際調查毫無結果，可為殷鑒。必須
追求爭端深遠之來源，或係內部或由外來，內部者即受
中國民族愛家庭土地不相容之學說之影響，會議目的在
邀請雙方直接交涉，以後吾人即不必過問。義大利對於
不注意實際之會議結果表示保留，余不求諸君鼓掌，但
余言與實際相合。下午李維諾夫演說蘇聯應邀來會，此
會乃根據國聯議決案而召集者，蘇聯反對侵略，其他對
於本案之意見業經詳述，無庸再述。自國際情形日惡，
各項國際會議往往忘其成立之目的，或竟與侵略者攜
手，其餘侵略者利益冀獲一時苟安，因之新侵略事件又
發生，新會議又招集矣。加以各國向不一致，更與侵

略者以機會，希望此項會議不蹈覆轍，得有結果，立成一公正之和平，不可因求會議之成功，犧牲被侵略者。嗣鈞演說，大意另用新聞電，各國皆表同情（義大利未鼓掌），繼謂以中立立場及地理關係將以誠意合作，期復和平，會外一般評論均謂措辭和平，主張堅決。顧、郭、錢。

不魯塞爾顧大使來電

民國二十六年十一月六日

南京外交部。會二十一號，六日。頃鈞偕放訪臺維司，為其介紹。放告以曾屢向德外長詢問德國何以不出面勸日本變更侵略政策，因日本認德、義為日本友，易於說話。德外長謂尚非其時，故外傳希特拉出任調停之說不可靠。臺維司詢德國復比國文末段意真相，放答以德國意如日本表示可接受調停，彼願與各國共同努力。臺維司詢中國是否願德國單獨調停，程使答此事未受政府訓令，未能正式答復，但個人意見認為任何調停應有先決條件，即須恢復七月七日以前之狀態。臺維司謂德如再提及，中國可告以此事關係九國公約各國全體，非僅中日兩國之事。次鈞詢以今後會議進行辦法，彼謂不願久候日本回音，擬先組織一研究委員會，現擬英、美、比三國，惟法國必加入，義大利以法加入亦欲加入，俄國則以義大利加入，彼亦加入。為請委員會成立後擬先詢中國是否接受調停及何種條件可以調停？放詢以日本如不接受則將何如？彼謂只可想積極辦法，但現在尚談不到。鈞謂如美堅定採取積極辦法必有他國合作，彼謂尚

難逆睹。鈞又晤英國代表，彼亦主張先組織委員會，日本如不來尚有其他辦法，接洽辦法可由少數委員會留比繼續研究。放、鈞。

不魯塞爾蔣方震來電

南京外交部。轉委座鈞鑒：直接交涉，義國代表在秘密會議中曾一度主張，近未再提，故日人造謠謂希特拉將出而調停，意在擾亂英美空氣，威脅義大利，並借方震為影射，已由顧、程大使否認。昨議復日文稿，義沉默，晚偕于君往訪，渠謂日對會議將派一、二人接洽，惟彼花樣頗多云，謹聞。方震叩，七日。

不魯賽爾顧維鈞等來電

急。南京外交部，會二四號，八日。巴黎六四三、六四二號電敬悉。當經通知國聯，昨英代表約談謂，諮詢委員會兩星期限期太促，可否能照原議由會長隨時決定。鈞答以在十一月廿一日以前，九國會議進行當有端倪，如屆時情形順利，諮詢委員會開會後不妨進行延期，如此日本知我尚有國聯後盾，可以早日答復。彼謂日本可延過此期再行答復反於國聯亦不利。現國聯秘書廳不日再將原議及蘇俄與中國主張徵詢各國意見，如此中國有轉圜之機會，希望中國政府重加考量云云。查蘇聯主張：（一）須有期限。（二）期限不宜太久。嗣晤蘇外長，彼意贊成中國兩星期之議，因九國會議美國不

肯積極領導，顯無結果。查英方用意或係設法撇開國聯使諮詢委員會暫行停頓，拉住會議，使美多負責任。初各國均已贊成會長原議，英代表殷殷說勸，如中國單獨始終堅持似亦未便，可否先答以中國可允延期一個月，但必要時會長經無論何國之請求，應立時召集會議⋯⋯⋯（In case of need President shall on request of any member of Advisory Committee forthwith summon meeting of said Committee）如何？乞電示。顧、郭、錢。

附註：NO. 643 Re.Fixing the date of the next meeting of Advisory Committee. 六四二係關於國聯諮詢委員會延期開會事，電報科謹註。

不魯塞爾郭大使來電

民國二十六年十一月十日

急。南京外交部。會二十六號，九日。午後訪 Eden，據告接東京英大使電，日本將拒絕派人與會議接洽，明日開會如日方答復仍未到，彼不主張靜候。今晨 Davis 與彼商洽，云如日本不來，擬再向東京提詢數點，意使美國輿論了解日本之不可以理喻。本月十五日美國會開會，總統致辭對遠東時局將有所表示，屆時美國輿論或可望漸臻成熟，英美均以為如和解不成，會議不能了結，必須採取其他辦法。嗣談及制裁，Eden 謂有兩種，一為無效制裁，例如因阿比西尼亞問題所採用者；一為有效制裁，必須各關係國澈底做去，包括互助及戰爭之危險。祺謂果英、美、俄、法、荷諸國能如德、日、義之聯合陣線，即足以制止日本，不惟無戰爭危

險，且可避免之，對歐局亦可發生良好影響，Eden似以為然，並謂如得美國合作，英當無顧忌，已明告美國彼意，Davis亦決意使會議有結果，但如何做法，現似尚無定計，須相機進行，美國不願中日問題回到國聯，彼意亦然，因不欲失美之積極參加。祺謂如會議有辦法吾人亦不願回到國聯，但國聯路線不能放棄，彼亦謂然，彼謂法國除對我國軍火業經定購者外，尚非鐵路停止運輸，但香港運輸，英國政府雖有多種困難必繼續維護。彼今日接英國代辦覆電謂，中國人心上下團結一致，與前方士氣一樣堅決，似較戰事開始時更好，彼表示佩慰。祺。

不魯塞爾顧大使等來電

民國二十六年十一月十日

南京外交部。會三一號，十日。密。本日下午開會，會長對英前首相MacDonald逝世，表示惋悼，法、美、俄、義代表及鈞均致唁詞，旋由會長報告駐日比使電稱：日本覆文十二日下午可到，定十三日上午開會，即散會。惟鈞等午後在會外分別與Davis及英、法外長談及下次會議工作，彼等均以日本既決不來，是會議已仁至義盡，應即商討第二步辦法。彼等雖尚未明言，但據語氣似首重給予我國物質上之援助，並維護海運以維持及增強我國抵抗力量，對日經濟制裁或暫從緩，作為第三步。彼等午後又會商，雖均不願爭先，但似亦不甘落後。義大利之加入反共協定頗有促進英、美、法團結之勢，今後會議當有重要進展，極盼我軍能固守新陣線，

以堅友邦信任。顧、郭、錢。

不魯塞爾顧大使等來電

民國二十六年十一月十三日

南京外交部，會三七號，十三日。今晨十一時開會，首由會長宣讀日本覆文，次由鈞演說，略謂會議雖以種種平和方式及詞句，而日本僅答一否字，中國自始即表示合作甚至提議暫行退席。日本覆文並無新理由，所謂正當防衛完全與事實公平不符。即日本自信如此亦不能謂為在九國公約範圍之外。直接交涉，中國已試行四年，中國每次讓步，日本即認為示弱，致有此次事件。遠東情形並不比九國公約簽字時特別，中國決心抗戰到底，各國決不能承認既成事實，希望各國維持條約尊嚴，制止日本侵略，停止日本財政、軍火、原料之接濟，予中國以精神實質經濟之援助，並宜從速，否則範圍日廣，非世界戰爭外無可遏止。次法、英外長及臺維斯演說，首言普通原則，查係先經商妥為對付日義協定之共同表示，故三人措詞相同，大抵謂世界和平必須以謹守條約及尊重他國獨立為原則，條約並非永久不變，但須用和平方法修改，不能以武力變更。至於各國內政制度，有自由選擇之權，他國不能強行干涉。關於中日問題，三國均惜日本不來，法國謂由日覆文發生新問題，須加考量，無論如何不能以武力為解決爭端之基礎。英外長謂中日戰爭不能認為僅係中日兩國之事，會議應從速考量日本覆文，聲明對於日本覆文之意見。臺維斯謂中日間以前如交涉自行平和解決，豈不甚善，無如已發生戰

爭，至解決爭端，除遵守條約外，別無他途，九國條約
為日本所手簽，以日本利益著想亦宜依約彼此合作，希
望日本尚能同意。蘇俄代表謂，調停既已失敗，應由各
國採用共同切實辦法，蘇俄願予贊助。義大利謂，關於
條約神聖及條約非永久不變各節，義大利亦可贊成，但
會中有提及辦法者，則會議之目的有定，前已於開會詞
中述及，試問會議尚有何事可做乎？次會長提及英、
法、美起草會議宣言，定下午四時再討論宣言全文。另
電英、美、法代表對我國演說立場均表示贊同，又臺維
斯密告，深盼我國抗戰能繼續撐持云。顧、郭、錢。

不魯塞爾顧大使等來電

民國二十六年十一月十四日

南京外交部。會四一號，十三日。本日下午開會，義代
表首對宣言大體及細目，均聲明不能贊同，加以保留。
並謂日本復文中有請各國依現實情形幫照鞏固遠東一語
應加以注意，詢問日本真意。鈞謂日本復文意甚明瞭，
在使會議承認既成事實，如再往詢問，徒延時日，每延
一日中國損失愈多，英吉利、紐絲綸、坎拿大、臺維斯
亦均不贊成，未通過。墨西哥贊成宣言，謂吾人不必悲
觀，歷史上已明說正義終有大伸之日。和代表請修改四
點：（一）刪除第二節內國聯一段。（二）刪除第六節
共產全節。（三）刪除第七節內「如中日間能正當永久
解決，各國雖認為事件係全體利益尚可不管」一段。
（四）刪除第十一節希望日本再行考量一語。討論結果
一、三、四點均刪去，第二點由法國提出對案通過。玻

利維亞主張四原則：（一）尊重條約。（二）和平解決
爭端。（三）不承認原則。（四）不干涉他國內政。關
於宣言末段，那代表聲明保留，關於宣言部分，其目的
足以超出原請帖範圍之外者，丹麥、瑞典作同樣之保
留。葡萄牙提議修改將字句減輕，以便本案可全體通
過，瑞典和之，法外長主張維持原文，英外長提議請瑞
典請示其政府意見，結果宣言全文逐條宣讀完畢無異
議，俟星期一下午四時開會再正式通過。顧、郭、錢。

不魯塞爾顧大使來電

民國二十六年十一月二十三日

漢口外交部。八十六號，二十二日。今午訪英美代表，
彼等交示所擬會議宣言草案，我方以內容空洞，距我國
期望太遠，重提有效助我制日辦法。彼等謂如各國明顯
助我，恐反促成日本實行封鎖，使我國現有之物質援助
亦不可續得，且此項辦法難望通過大會。鈞謂我方重實
際，由英、美、法、俄、和、比諸國會外商酌亦可。美
代表反對共同商討，謂應單獨交涉，英代表囑我方擬具
策畫分送上述各國酌量後，再定應否共同商討。嗣後祺
提及貸款問題，美代表謂美國近曾給予中國五千萬元信
用借款，於中國不無補助，但深恐直接借款須經國會通
過，甚困難。鈞謂或可設法用其他方式借墊，英代表則
謂祇須與英財部商洽，不必經過國會手續云云。鈞。

四 中國在九國公約會議的因應方針

外交部呈行政院

民國二十六年十月十九日

案准比國駐華大使館照會，以比國准英國之提議，經美國之贊同，根據九國公約第七條之規定，邀請九國公約簽字國於十月三十日在比京召開會議，討論遠東局勢，期以和平方法，從速停止不幸之衝突。茲特通知中國政府請派代表屆時參加會議等因。查前次國聯會議討論中日事件時，我方曾派駐法大使顧維鈞、駐英大使郭泰祺、駐比大使錢泰為代表參加會議。此次九國公約會議在比京舉行，擬請仍派該員等為我國代表參加會議，以資熟手。理合將該員等參加比京九國公約會議全權證書稿附錄呈請鑒核，轉呈明令特派，照式分別備就全權證書三份，發交本部，俾便電知轉發，實為公便。謹呈行政院。

附件。

外交部電巴黎中國大使館

民國二十六年十月二十四日

Sinoembassy Paris，六二六號。顧、郭、錢大使鑒：極密。政府對九國公約會議決定方針如下：

（一）依照目前形勢會議無成功希望，此層我方須認識清楚。

（二）但我方對各國態度須極度和緩，即對義、德二國亦須和緩週旋，勿令難堪。並須表示會議成功之願望，我方求在九國公約規定之精神下謀

現狀之解決，此係我方應付之原則。倘各國以
具體問題徵詢我方意見時，因日本以武力侵犯
我領土，應先知日方之意思，故先請其轉詢日
本後再由我方予以考慮。

（三）我方應使各國認識會議失敗責任應由日本擔
　　　負，切不可因中國態度之強硬，而令各國責備
　　　中國。

（四）上海問題應與中日整個問題同時解決，切不可
　　　承認僅謀上海問題之解決。

（五）我方應付會議之目的，在使各國於會議失敗
　　　後，對日採取制裁辦法。

（六）我方同時應竭力設法，促使英、美贊成並鼓勵
　　　蘇聯以武力對日。

外交部電巴黎中國大使館

民國二十六年十月二十七日

Sinoembassy Paris，632號，27日。顧、郭、錢大使鑒：
九國公約會議時對於九一八以來，日本違反該約之顯
著行動，我方代表如有陳述之必要可列舉：（一）遼
寧、吉林、黑龍江、熱河之佔領。（二）偽國之產生與
維持。（三）二十一年進攻上海。（四）二十二年進攻
冀察。（五）冀東偽組織之產生與維持。（六）干涉冀
察行政，庇護匪偽，佔領察哈爾之一部。（七）華北
大規模走私，並強力阻止中國海關之緝私。（八）日
本軍用及民用飛機在中國各地，尤其華北非法飛行。
（九）特務機關之到處設置（十）縱容日鮮人販售毒

品。（十一）在中國領海內侵犯中國漁業權。（十二）二十五年冬日軍庇護匪偽攻擊綏遠。（十三）日駐屯軍之非法演習。（十四）本年七月七日日軍攻擊蘆溝橋。（十五）日政府拒絕中國政府撤退軍隊，用和平方法解決糾紛之建議。（十六）日本增調大批陸海空軍來華。（十七）本年八月十三日日本陸戰隊開始攻擊上海。（十八）日軍現已侵入河北、察哈爾、綏遠、山西、山東、河南各省，並在佔領各地設立所謂治安維持會，操縱一切行政。外交部。

外交部電不魯塞爾中國大使館

民國二十六年十一月一日

Sinoembassy Brussels，二四一號，顧、郭、錢大使鑒：（一）美代表二項建議，前已由羅斯福表示。我政府意倘英、美、法等果有熱誠調停之意，而我能預先探明其所擬計劃大致於我尚無不利，則我代表為獲得各國更多同情起見，可於陳述事實與我方希望後，各國開始試行調解時，自動聲明暫行退席。但保留（甲）仍得隨時出席。（乙）任何問題未與中國代表商討之機會，並未經中國同意者，不能為最後之決定。（二）關於日方需要原料與過剩人口出路一節，我方應主張近代各國均有若干經濟上之困難，日本欲謀經濟發展，無論依其主觀見解具有何種理由，總應用和平方法友誼態度與他國謀合作，若憑藉武力奪取權益，不獨違法背理，且離目的愈遠。中國願隨時與日本謀經濟合作，但必須根據九國公約之原則，尤須於不侵略不威脅狀態中行之。但此節勿

於會議席上自動陳述，可於他國提詢時據以答復。

外交部電不魯塞爾中國大使館

民國二十六年十一月二日

Sinoembassy Brussels，248號，此次會議我方應主張之原則，業經電達。我方不必在會內提出任何具體問題，各國如在會外有以具體問題或具體計劃探詢我意見者，應以下開各點為應付範圍。

（一）東北：李頓報告書之建議，我方原已接受，最少主張照此建議解決東北問題。（二）華北：日本所謂華北意義廣泛，但歷來糾紛皆在冀察，故交涉亦祇以冀察為限。此次日本侵略則由冀察而及於其他各地，我方對於任何地方均應主張行政主權之完整，斷不能容許任何傀儡組織，尤須注意不得使察綏特殊化，日軍必須撤退至辛丑和約地點。倘各國均願放棄和約駐兵權，並勸令日本同樣放棄，以永弭戰禍，則我方最所樂聞。（三）中日經濟合作：我方願在以下條件實行中日經濟合作：（甲）日本不再以武力威脅。（乙）合於九國公約原則。（丙）雙方均有利益。（丁）經正當途徑協商辦理。（四）上海：回復一二八前狀態於我自屬最利，否則須回復淞滬停戰協定規定之狀態。（五）排日問題：由日本侵略引起中國國民之反抗，如日本放棄侵略，國民之言論行動自然回復常態，政府亦必加以注意。同時日本政府亦須注意取締走私販毒及一切侮華之言論行動。外交部。

外交部電不魯塞爾中國大使館

民國二十六年十一月六日

Sinoembassy Brussels，252 號，關於具體問題，他國徵詢我意見時，我方應取若何態度，已詳 248 號電。茲再將應付各問題之方略補充申述如下：

（一）如華北主權領土與行政之完整確能得到切實之保證，則我國可於華北區域內關於經濟之開發，及資料之供給作相當之讓步。又辛丑和約各國駐兵權如均能放棄自屬最好，否則日本駐軍應以辛丑和約規定之地點為限，其數額應與他國駐軍按其實在需要另以條約確定之。

（二）關於上海問題：（甲）如一切仍照八一三前原狀我方可予同意。（乙）如在淞滬停戰協定規定之區域內，我方除警察外不得有任何武裝隊伍（包括保安隊），並不得建築防禦工事，則須另訂國際協定規定。日本及他國在上海之陸海軍及軍事設備，須各減至其擔任租界防守所需要之最少確定數額，現有之共同委員會，或重行組織之新委員會（包括中日代表），須隨時予以稽查並提出報告，此項協定期間暫定五年。（丙）如（乙）項區域較現有停戰區域大加擴充，或竟影響我國行政權或警察權，則我方不能同意。

（三）如走私確可停止，中國緝私權確可恢復，則關稅稅率可自動調整，但仍須顧及中國政府之稅收與國內實業及國際商業。

（四）排日問題已詳 248 號電。

外交部電不魯塞爾中國大使館

民國二十六年十一月八日

Sinoembassy Brussels，二五五號，八日。會十九、二一號電悉。現在九國公約會議既在進行，我方惟一途徑，祇求由此會議獲得適當解決。日本於此時使用離間手段，自在意中。而德國亦未嘗不欲利用時機以調人自居，藉以抬高其在遠東之地位。德大使在此已頻頻微露其意。我方答復語氣，正如臺維斯所云，事關九國公約各國全體，自應由與會各國本約文精神圖謀解決。以後德方如再提及，擬告以彼既有調停意，何不加入九國公約會議或與英美等國盡量合作？藉以增厚調人之力。一面我代表團可斟酌情形，密商英美，如有關於調停具體計劃，不妨於會外與德國隨時商洽。蓋德國本曾邀請參與會議，彼雖婉拒，但在會外與之合作，不獨與各國本意無違，且於會議前途未嘗無利。必要時並可請德國與英美等國向日本並行斡旋。又致日本復文第六節內所稱另行選擇之各國代表，實行選擇時，不妨包括德國在內。如此既可打破日本離間計劃，而以集體力量圖謀解決之政策，亦可始終貫澈。希酌辦電復。外交部。

外交部電不魯塞爾中國大使館

民國二十六年十一月十三日

Sinoembassy Brussels，266 號，十三日。會 34 號電悉。在九國公約範圍內各國實行調停，我方自可接受。惟日本既一再拒絕參加會議，現再由大會去文提議調停，恐遭同樣結果。我方為使會議易於成就起見，倘各國正式

或非正式促令日本倣照華盛頓會議，解決山東問題辦法，與中國直接商談，同時受有關係國之協助，則我方可不反對。至停戰問題，倘各國向中日提議雙方先行停戰，中國亦可同意。希速與英美代表密商進行。外交部。

五　關於九國公約會議之意見（無日期）

關於九國公約會議之意見　傅斯年擬

一、原則、態度、辦法

　　謹案：比京會議係諸友邦用大力謀得實現者，吾國理當希望其成功，襄助其成功。此會議成功之可能固遠不如其失敗之可能為大，然必吾國盡力圖助其成事，方可於失敗後不負責任，而留為下一步中，國際助我之張本。

　　此時英美已詢我國之具體辦法，我國若只談原則而不提具體辦法，將致友邦之束手，似非得計。即有辦法而不足使人信我國已勉為其難者，亦非得計。必此時勉為其難，然後成功有一線之望，失敗後可希冀列國更摯助我。

二、給予我國代表團以較大之自由

　　按我國代表團三人，辦此等事較有歷練，首席顧君又為謹細用心之人，如能付以較大之活動自由，當不致誤事。且此會進行，必較國聯開會為速，國內之外交機構或欠迅敏，若責代表團以每事請訓，恐誤事機，如英

外相伊登並不能常在比京，故會開數日中關係重大，應付我國代表團以較大自由也。

三、具體事項之退步，在不得已時可以較大，但須為條件的，即謂「會中能辦到如何如何地步，則吾國可更勉強作某某讓步」是也。此項假定條件之退步，舉例如下：

1. 如列國能作華北領土行政完整之保障，則吾國可於同地經濟開發上及資料供給上作較大之讓步。

2. 如不於無形中使租界擴大，且辦法足以防止日軍在上海登陸，則中國可於非武裝區（在不喪失中國行政等警權範圍內）一說上作讓步。

3. 如停止走私，則關稅可用自主聲明之手續酌量變更，但須以不妨礙國內實業及各國利益為條件。

4. 如日本停止其侵華宣傳，則中國自然無所謂排日之運動。

5. 如列強能給中國以此後不再受日本侵略之有效的保障，則中國亦可於此時勉談「滿洲」問題。

四、基本調整及維持正常關係之機構

　　此次會中，吾國必要求得到長期之安定，（此固絕不易辦到，然不可不如此要求）。達此目的必須：

1. 以後中日間爭端須用外交解決，不得訴之武力。

2. 不能解決時，由仲裁調解之結構為之，此結構即祈求由此會組成。

　　吾國之一切讓步，皆以換取此事為目的，否則短期

和平，無補於太平洋上之大局。

五、所謂「防共」

此事關係內政，且既與蘇聯簽不侵犯條約，不可反轉。故今後所可辦到者，1．作一宣言說明內政事項不由外國干預，然中國亦必永循三民主義之路，不加入其他任何主義集團。2．在日本放棄侵略時可與日本訂不侵犯條約，然不能作對俄任何形式之聯盟。

六、「太平洋永久和平」之高調

中國應於會中說明（或明說、或暗說，相機為之）願勉強犧牲一部分利益，以謀太平洋上永久和平，即謂在中日關係粗得頭緒後，由太平洋各國商議共訂不侵犯條約。此實既空且高之調，然此調最易得英國各自治領之歡心，亦甚合美國一部分輿論，吾國應申言願為此作一少犧牲，有此一著，自增加人之同情，則於此會失敗後，當大有作用也。

以上舉所知者，其所不知，不敢多說，非謂此為全案設計也。無論外交如何轉移，不能影響軍事之努力，讓步既極而仍無結果，則雖亡國在望，亦須抗戰到底也。

中國對日問題在九國公約會議所應採之態度及應取之辦法

引言

本文用意在建議中國政府領袖，於此次會議時，應

在堅持九國公約中所訂關於領土及自治權完整之原則
下，謀適當之解決，欲達到此目的，於討論中日兩國經
濟上、文化上之關係等問題，中國應儘量表示和平誠
意。因中國在此項會議，第一目的，應為取得歐、美各
國之同情，所提出各種方案應能顧及各國及日本在華之
利益，且應取積極方式，如是吾人在外交上方可佔優
勢，獲得歐美各國之贊助。

　　按參加此會議者，自多為西方代表，故吾人建議參
照西方外交直接方法，即將吾人對於各項問題之折衷意
見及方案，儘早宣示於會議，至宣示之方法，如不便在
會議席上正式發表，亦可於談話中，向各代表聲述或於
答復詢問中流露之。無論如何，各項問題，我政府自應
事先詳加研究，並以具體辦法，訓示出席代表，俾其胸
有成竹，庶幾肆應得宜。

　　中國政府應堅持九國公約中關於領土及行政權完整
之規定。在此唯一之原則下，中國政府願竭力促成中日
問題之永久解決，為達到此項目的願作如下之建議：

一　停戰
　　日本軍隊之數量及駐紮地點，須恢復至一九三七年
七月七日以前之狀態，海面封鎖亦應立即解除，軍隊之
撤退應在三個月內完成，海軍包括在內。撤退區域由中
國民政長官以警察及保安隊維持治安，中國政府同意中
國軍隊自停戰之日起，九個月內不進駐於撤退區域。關
於撤兵及撤退區域內之整理，應在中立國視察員監視之
下執行之，此項視察員應向中日政府，及參與此次會議

之國家，或指定參加調解之國家，提出報告。

二　上海──恢復一九三二年之停戰協定

　　中國政府可不在一九三二年停戰協定所規定之區域內駐屯軍隊，或建築防禦物（該項協定，得由雙方同意，加以修改）；但須日本將其在上海之軍事設備及軍隊，減至其擔任公共租界防守所需之成分為止，倘非由關係各國之允許及一致行動，將來並不得單獨增加。關係各國連同中日在內，應設一中立國視察委員會，每年向「審查委員會」提出視察報告，並在緊急情勢發生時，提出臨時報告。以上種種允諾及協定之有效期最少應為五年，如任何一方在期滿前六個月未要求重新考慮該項允諾及協定，即繼續有效。

三　華北

　　關於華北，中國政府願在冀察與遼寧熱河之邊界，劃一非武裝區，各以十公里（或二十公里）為限，可由中日雙方商組中立國視察委員會，向審查委員會提出常年報告。關於「非武裝區」情形，遇有緊急問題發生時，並得提出臨時報告書，此項解除武裝協定之有效期，最少應為五年，如任何一方在期滿前六個月未提出重新考慮之通知，該項協定即應繼續有效。

四　中國在華北政權之恢復

　　華北五省必須照正常辦法由中國政府統治，此為中日兩國恢復和平關係及正常發展之惟一途徑。所有

一九三三年至一九三七年因日本壓迫所造成之非常現
象，與由此次戰爭所產生之情勢，應立即加以清除。

五　河北日兵駐屯軍之減少

　　日本在河北省所駐屯之軍隊，應以辛丑條約所規定
之地點為限，其數額不得超過其他國家及日本利益所需
要者之外。例如規定為四千人，此數額應即在新條約內
載明，必要時或可附一「補救條約」，規定日本駐軍在
辛丑條約各簽字國公認情勢緊急時，得依照國際了解比
例增加。但絕對不得單獨行動。（中國深望各友邦之合
作，在短期內能將辛丑條約重加考慮，並撤退所有各國
在華之軍隊）。

六　「滿洲國」案

　　關於「滿洲國」一案，中國政府為顧全關係各國之
人民利益計，仍願繼續維持此次衝突前業經實行之通
車、通郵、通電及設立稅卡等項辦法，然中國政府基於
極明顯之理由，不能承認此所謂之「新國」，並利用此
機會，根據國聯所接受之李頓報告書及國聯大會各種決
議，重申對於該地領土權。

七　經濟合作

　　關於經濟合作，中國政府特作以下各項提議：
（１）對於日本與其他國家在華有同樣性質之經濟事
業，中國決不予日人以歧視。日本對華資如依通常合法
手續組織中外合股公司，由中國法律加以保障，則中國

決不拒絕，且在適當情形下表示歡迎。

（2）中國準備商訂一普遍性之商約，修改稅則，對於日本利益予以友好之考慮，但中國決不能亦不願此項商約中之規定，違反中國與他國所訂之商約。

（3）中國為鼓勵華北種棉，並在自由貿易之場合下售與日本工業界，此項政策之執行，須不至使中國農村經濟及紡織業遭受損害。

（4）日本專家（尤其農工專家）得由中國政府聘為技術人員，以備諮詢，惟此項辦法不得妨礙中國現由各國獲得技術援助之自由。

（5）倘日方能將前次任意飛航中國領土一事使其不再發生，則未來中、日、「滿」間之航運問題應在共同經營及共得利益原則下，加以考慮。

（6）日本對於礦產之需要得以友好之態度加以考慮，但須尊重中國之主權及本國人民之經濟發展，關係礦權之轉讓及獨點要求自不能接受。

（7）如技術上、財政上之合作能以順利進行，則鐵道材料亦可向日購買，日本投資較多之路線尤其可以如是，正與現時其他數國投資之鐵路亦有相當優先權相同也。

（8）中國擔保由長蘆方面長期大量食鹽供給日本，但在貨量方面雙方應遵通常商業規則確定之。

八　文化關係

　　為永久改善兩國文化關係起見，吾人建議利用日本應得之庚子賠款，設立一共同委員會加以管理，蓋日本

政府早經聲明願將該款用於教育文化方面,以推進中日兩國之利益也。此項共同委員會若成立,應籌劃一並實施各種文化上之了解及合作能趨密切之方法。

諸如種種教育上交換等類之事,此外並得委託該會研究有關中日問題之文化教育及新聞等事項,對於特殊困難及事功亦得提出改善辦法及計畫。

九　損害之賠償

中國政府熱望兩國關係之和平調整,寧願放棄其要求賠償軍事損失之權利,即凡為保護國土而消耗之軍費,包括受傷將士撫恤費、傷亡將士遺族津貼費,均不在要求賠償之列,因日軍行動直接造成之民眾傷亡及財產損失,根據國際正義,日方須負責賠償。

中國建議由中日雙方代表及一個至三個中立國代表,組織一混合賠償損失委員會,監理關於損失估計及要求數目並解決雙方爭議。

十　第三國人民損害之賠償

中國十分同情外僑在中國領域內所蒙受之生命及財產上損失,從國際公意上判斷,中國應必須自衛,故對此次衝突之發生,在法律上完全無責任。但如日本履行上述賠償中國人民損失要求,並對外僑因日軍行動直接蒙受損失,予以相當之賠償,中國政府亦願對外僑因中日軍隊之敵對行為而受之損害,予以資助。

十一　調解委員會之設立

　　中國政府為推進和平計，可建議設立調解委員會，中日委員各三人，其責任在常川商決關於新條約之解釋及引用等問題，兩國間如有任何糾紛，該委員會應向各該政府提出有建設性之提議。

十二　審查委員會

　　中國政府更建議一九二二年二月四日華盛頓會議所決議設立之「審查委員會」，應於中日談判成立後促其實現，使其成為常川斡旋於九國公約簽字國間之公認機關。

十三　互不侵犯公約

　　中國與俄國已有一不侵犯條約，並極願與日本締結相同之條約，作為解決二國問題之一種步驟。中國樂聞日俄間締結此項條約，並贊助澳洲所提太平洋沿岸各國締結互不侵犯條約。

十四　解決方法

　　此次之一般調整應以建立中日新友好關係為其方法及目的，因此關於調整之談判，最好儘量採取直接交涉方式，但必要時，亦得採用調解或仲裁，但此應視為有限度及臨時辦法，其目的亦僅在協助雙方恢復正常之交涉。

六　各國對中日戰爭的態度

斯德哥爾摩王景歧來電

民國二十六年十月十三日

南京外交部。八四號，十三日。瑞典輿論對我一致同情，職業協會、政府黨委員會、婦女協會、青年協會共同發表宣言，妥擬辦法，隨英、美抵制日貨。國聯同志會呈請瑞典外部，依照盟約積極助我清弭戰禍。九國公約經與瑞典外部秘書長談及，渠表同情，但云國小言輕，觀其語氣將來似瞻英、美馬首。又聞那威政府因上次對義制裁損失，此次或取慎重態度。王景歧。

不魯塞爾錢泰來電

民國二十七年十月七日

外交部。三一七號，七日。三〇四號電敬悉。比國年來標榜外交獨立，希望歐洲有事維持中立，深恐法國借題制裁，將比牽入漩渦，且覺施行制裁，徒然開罪強國，有損本國商務，因之本年七月加入丹京宣言，主張盟約第十六條無強制力，即係無意施行制裁之意。此次行政院報告書通過後，比國空氣為捷克事件所籠罩，對之不甚措意，報紙亦無評論，雖比政府對我感情頗好，對於日本向未售給軍火，日本屢來運動信用借款，迄未成功。惟施行個別制裁因事關國策，且對於戰區比國利益不無顧慮，似尚無此事準備。至於集體制裁，照兩年來國聯各屬國空氣，恐多阻力，此事關鍵全在英美，如能促成英美合作，或可望再行討論。錢泰。

附註：304 號去電——報告書通過後，該國有無個別制

裁之準備等由。

巴黎顧維鈞來電

民國二十七年十月十九日

重慶外交部。八六三號,十九日,並轉呈蔣委員長。極密。駐法美大使對我抗戰極關懷,主張列強助我。彼與羅總統交誼甚篤,常用無線電話商談遠東事,近以假期在華府。現列強以美國合作為前提,頃鈞特私電該大使,告以鈞與法外長談話要旨,並請向羅總統陳說,催促採取積極有效辦法,對付日本,為我助力,除電洽胡使,謹陳。

再關於邀俄參加英、美、法對日行動事,頃探詢關於美代表意見,彼謂不知政府意旨,但渠個人看法,以為蘇俄為防共集團之目標,邀其加入,似有表示反防共集團之嫌,恐有不便之處云。八六二亦並請轉呈蔣委員長。顧維鈞。

巴黎顧大使來電

民國二十七年十月二十日

重慶外交部。八六四號,二十日。並轉呈蔣委員長鈞鑒:孔院長,急密。孔院長十九日電敬悉。今午訪殖民部長密商越南運輸事,請其保證通過之便利,彼云前扣飛機已於日昨電令越督放行,並謂當初因歐局危急,暹羅態度可慮,而外長在閣議報告又謂歐戰重興,日必在越有所策動,故不得已而扣機,請我諒解。至日侵華南,彼亦深知危及越南之安全,極願盡力協助。惟華貨

通過及因去歲十月內閣議決案尚在，每為外交部所反
對，不能順手做去。鈞言亦深知法屬態度，勸其不必逐
事與該部接洽，務必設法簡便辦理，並告以現在途中之
德、俄貨物，待用甚急，請電越督到後即放行通過。彼
乃即召屬地軍檢閱長到席，商討各種敏捷辦法，決定由
該部長即商呈法總理核奪，並約定星期六再談。鈞。

巴黎顧大使來電

民國二十七年十一月四日

重慶外交部。八八八號，四日。並請轉呈蔣委員長、孔
院長，八四三號電敬悉。頃訪法外長，告以上星期鈞見
外次，彼對鈞向外長提議轉商英美採取一致步驟事並未
接洽，並詢以究竟。法外長謂曾向英大使談及，但因出
席馬賽大會事忙，忘告Leger，向美商議。鈞謂十月六
日美政府致日抗議，措詞嚴厲，堅持在華條約上權利，
要求尊重門戶開放原則，足見美對遠東並無放任之意，
英政府亦有意作同樣表示，望法方亦採取積極政策向東
京警告，以示法、英、美一致關切。現在我雖退出武漢
與廣州，然仍堅決抗戰，日本因此對今後政策反露猶豫
不決之意，於昨日日首相之宣言可見一斑。此時如三國
一致堅決表示擁護遠東意見，相同之決心可使日方早日
覺悟。法外長謂尚未見美致日政府照會內容，但頗以鈞
言為然，擬即日查閱美照會之措詞後，向日作同樣之
舉。鈞次言我方抗戰大半恃外來之接濟，現港粵路斷，
西北與滇緬雖尚可用，然以輕件為限，仍須依靠越南為
運輸要道，務請法政府予我特別便利，並告以法對日為

避免糾紛起見，表面或須維持中立，但實際務必為我通融假道，助我運輸，否則我因接濟不繼，而抗戰無效，則影響所及，法在遠東地位與權利亦必受打擊。法外長謂彼已瞭解越南運輸與抗戰之關係，容與總理從長談後於下星期答復，並詢日本攻取廣州何以如此容易，我方在彼軍隊能力何以薄弱至此。經鈞解說，彼稍釋懷。顧維鈞。

附註：843 號去電——希商法政府向日遞交強硬之照會，電報科謹註。

日內瓦顧維鈞、郭泰祺來電

民國二十八年一月十八日

重慶外交部。第八號，十八日。今日下午開會，關於響應美國照會一節，英、法代表均以英、美、法三國照會，正在共同一致對付日本，如國聯插入，恐美國不願，反致掣肘，力勸取消此節，謂為中國計算，現在外交形勢方在好轉，不宜因一紙議決案空文，損及實益，現英、法與美一致願對日為中國效力，諒可見信云。如何？乞速電示。鈞、祺。

倫敦郭大使來電

民國二十八年五月十六日

重慶外交部。七三八號，十六日。蘇聯答覆英方對案，仍大體堅持英、法、蘇互助及軍事合作原則，未肯負擔片面義務，現英國各派多認為英、蘇密切合作，為防止歐戰必要條件，英輿論對政府遲疑，頗不謂然。但政府

似仍未能完全捐除對俄成見，且欲對德、義稍留和緩餘
地免受包圍口實，其結果料英對俄立場不得不為相當之
讓步。再英、法均欲與蘇代表於國聯行政會議時，作
詳細之商討，極盼蘇外交副委員長出席。現據蘇大使
云：副委員長仍不能赴日內瓦，彼將代表出席為本年度
主席，並詢我方提案，現已約定明晨晤洽。又Cecil（西
薛爾）Gilbert Murray Lytton（李頓）三人已分函英國
國聯同志會各分會，謂吾人不可因歐洲多故，致漠視遠
東情勢，因歐亞問題完全相同，即是否容許暴力勝過法
律、正義。所不同者，日本手段較歐洲獨裁者更殘酷而
已，本屆國聯行政院會議，中國將復請求會員國，實行
條約義務，如禁止以戰爭原料供給日本及禁止日貨進口
與經濟援助中國等。但國聯能否採納，胥視英國態度如
何，英國如同意，他國必贊助，美國亦決不致獨外，英
國民應速以各種方式促其議員在國會主張，英政府在國
聯行政院倡導上述援華步驟，以制止侵略云云。祺。

巴黎顧大使來電

民國二十八年五月十八日

重慶外交部。一〇八六號，十八日。日機轟炸事，迭奉
電令設法促起國際注意，仰企碩劃，自當努力遵辦。查
關於飛機濫炸，慘殺平民，上年九月國聯大會，鈞曾聯
同西班牙代表在第三委員會奮鬥力爭，會中辯論熱烈。
當時鈞曾提出三種辦法，（一）仿照英國派調查團至西
班牙辦法，由國聯組織調查團往中國，調查報告日機濫
炸非軍事標的，慘殺平民之殘暴實情。（二）禁售煤油

及飛機與日本。（三）關於一般防止濫炸，由國聯主動召集一國際會議議訂公約。討論結果，除第二點關係制裁未能通過外，九月三十日大會議決案中將召集國際會議一節，交軍縮會議幹事部酌辦，並提及注意中國政府所請派遣調查團事交行政院，遇有其他申請可予考量組織。竊意如我於此次行政院會議根據議決案提請組織調查團，實地調查敵機濫炸慘酷情形報告，俾資根據，於本年九月大會要求為進一步之措施，雖由國聯特別派遣，因經濟與時間關係恐難作到，若以國聯會員國中之關係國駐華代表，就地組織，或較易辦，此事固未必準能通過，然亦引起國際視聽之一法。惟此舉於我實際上有無不便，可否提出要求之處，尚乞核奪示遵。顧。

日內瓦顧、郭代表來電

民國二十八年五月二十三日

重慶外交部。第五號，二十三日。本日鈞演說要旨：（一）我軍運用新戰略，節節勝利，敵軍失去攻擊目標，其截斷我國南北兩大交通線之計劃亦遭失敗。（二）日空軍到處濫施轟炸，尤其是最近重慶之事，蔑視公法人道至於極點，因堅決要求對日禁售飛機、煤油，並要求組調查委員會。（三）日本佔領海南島、斯巴拉脫萊島，以及最近古浪嶼登陸事件等等，足徵日在太平洋政治上、經濟上獨霸野心。（四）日本於華北發行偽鈔已告失敗，華中之舉必蹈覆轍無疑。而我國幣制準備充足，信用昭著，復得美、英、法三友邦之援助，極為穩固。（五）日本對我侵略與近來歐洲嚴重局面有

密切連帶關係，歐西大國近已覺悟於集體安全之重要，但欲行永久和平，安能撇開遠東？且坐言不如起行，因遵照部意重請予我財政上及物質上之援助，並協助救濟難民，其足以弱化所無抵抗力者一概勿為。對於日本則請停止供給軍用品及原料，尤其是飛機、煤油二項，並請限制日貨之輸入，採取商業報復辦法。為調整此種辦法起見，請設立一普遍委員會，必不得已則請就與遠東直接關係各國，設一規模較小之委員會，並要求積極履行前已通過之各議決案，最後堅請行政院接受我方要求。原文航寄。鈞、祺。

開運來華外，又在東北與朝鮮之間布置重軍，同時自日本開調大批隊伍至朝鮮。其尚未開到大沽之運輸艦或在大連待命。故此後形勢反較蘆事初起時更為嚴重。若各國認為華北局勢已入安靜狀態，日本不致再有若何動作，未免錯誤。日本之意最初不過欲解決華北獨立化問題，以後恐將要求解決全部問題。在我方已盡最大之容忍，對於日本之二項目的已予同意，蓋日方要求：（一）蘆事當地解決，我方已允由當地解決。又（二）中央不妨礙當地解決之實行，我政府對於宋哲元請示之三點，已予同意。凡此均為欲求和平，曲予優容。但我政府至此已到最後限度，若日方再提其他要求向我威逼，我方決難接受，惟有出於一戰。而現在深信日方調兵遣將，必不肯認為事件已經解決。在最近期內，恐將向宋哲元與中央提出我方不能接受之條件。而其條件第一，必為共同防共即共同對俄，第二，東北問題之解決，第三，中央軍自河北撤退等項。我方對此類問題決難接受，是戰爭決不能免。現在局勢祇有各關係國尤其美、英二國之合作，可挽危機。美國國務卿已發之宣言，雖甚光明正大，但未明指中、日二國。至中立法乃係戰爭開始後之事，在戰爭未開始前，美國儘有可以努力之處。現在應請美政府與英國協商，警告日本，預阻其再向中國提出任何要求。否則局勢危急，戰禍必不能免。美國以九國公約之發起國，對於此次事件實有法律上之義務。而美國向來主張和平與人道主義，若東方戰端一起，歐美和平亦將受其影響，而人類所受之浩劫，實難估計，故美國在道義上亦有協助制止日本之義務。

務請即電政府請其立刻進行，時局急轉日下，遲恐不及
云云。

二　美總統羅斯福在芝加哥演說全文

民國二十六年十月五日

余現重來芝加哥，且得有機會以參加重要市政建設
之落成典禮，實覺非常愉快。

當余橫貫本國之往返途中，余已見及各地市政府與
中央政府依據常識彼此合作之種種結果，且於千萬國民
之歡迎聲中，由其言貌，即可察知在近數年間，彼等已
在物質與精神方面，均獲有長足之進步。

但當余見及本國農村之繁榮、工廠之興盛、鐵路之
發展，以及本國之快樂安全與和平，余即不得不持以與
世界中其他之部分相較，則殊覺景象懸殊。須知美國人
民，在現代狀況之下，為其自身之將來計，不能不對
美國以外之世界，放眼遠矚。余以本國負責的代表之資
格，爰特在此內地大都會之芝加哥，並特就此落成典禮
之良會，將一與國家有重要關係之問題，為諸君一言。

最近世界政治形勢，日趨險惡，致使各愛好和平之
人民與國家均為之異常憂慮。

十年之前，六十餘國鄭重擔保不以武力為行使國家
政策之工具，人類對於永久國際和平之期望，因之達於
高峰。但此種表現於非戰公約之高尚精神與和平願望，
最近已轉為大難將臨之觀念所摧毀。現在的恐怖狀態與
國際之不遵法律，殆不過起始於數年之前耳。

其初係不法干涉他國內政，或違反條約侵略他國土

地，馴至今日愈演愈甚，遂將使文明基礎感受重大威脅，文明演進，以群趨於法律秩序及公理之一切標誌及遺傳，均已掃蕩無餘。未嘗宣戰，又無警告或理由，而多數無辜之平民婦孺，竟橫遭空軍之轟炸殘殺矣。在所謂平時狀態下，亦無原因或通知，而多數之船隻亦正任意被魚雷擊沉矣。他國雖無傷於我，而偏煽動及助長其內亂；不許別國干涉己國之內政，而偏干涉別國之內政。

無辜之人民與國家，現正為爭奪霸權者所慘烈犧牲，而此爭奪霸權者，則係絕無正義與人道觀念。

最近某作家有言，謂：「吾人或可預想人類如至以殘殺為快意時，則將橫行全世，使一切文化、藝術及所有千萬年來積存之寶藏，弱者、小者、無抵抗者，均為之消滅無遺。」

此種情形，如發現於他處，諸君切勿以為美國可保無虞，切勿以為美國可蒙寬恕，切勿以為西半球不致遭受攻擊，切勿以為西半球仍能在和平狀態中繼續演進文明之道德與藝術，蓋此不幸之日如果降臨，則武力不足恃，權威無所用，科學失其效，馴至一切文化之花，全遭蹂躪，而全世界人類，墮入大混亂狀態中矣。

吾人如欲避免此不幸之日之降臨，吾人如欲在世界上安居樂業自由無慮，則所有愛好和平之國家，應即起而合作，維持為和平之基礎之法律與原則。所有愛好和平之國家，應即起而合作，反對違反條約與人道之行為，蓋此種違反條約與人道之行為，現正造成國際混亂與不安局勢，而欲避免此種混亂與不安局勢之波及，決

非嚴守孤立與中立所能奏功者也。

凡懷抱自由並認識且尊重其鄰人有自由之平等權利而生存於和平中者，須共同努力，期使法律與道德原則俱獲勝利，和平公正與信賴得以盛行於世界。質言之，即必須信賴約言，信賴已簽字條約之價值，必須承認國家道德與私人道德係屬同等重要。

日前某主教致書於余，謂：「對於現時實施戰爭之恐怖於無辜平民，尤以實施此種恐怖於婦孺，似應代表一般人類，提出抗議。在彼所謂現實派，或所謂此種抗議，為無補於實際，實則人類心靈，為現在無謂之犧牲所激動，必能集中絕大力量，以減少將來之殘酷，縱使此種對於野蠻主義之集體抗議，需時二十年始能切實有效，然強有力之輿論，足以加速此日之來臨，則毫無疑義也。」

今日世界技術上、道德上均有一種休戚相關，互相依賴之關係，任何國家欲完全孤立於經濟政治風潮之外，尤以此種風潮日漸伸張之時，殆為不可能之事。苟非條約及道德標準為各國一致所遵守，無論國際和平或國內和平要均不能穩固。國際間無政府狀態實足毀壞一切和平基礎，而使一切國家，無論強弱，其現在或未來之安全，遭受危險，因此恢復國際條約之尊嚴與維護國際道德，實為對於美國人民至有重大利益與至有關係之事。

今日世界最大多數人民及國家，皆希望生存於和平世界。彼等均希望排除壓迫彼等之勢力。彼等寧願為工業、為農業、為商業而努力，生產有利潤之貨品以增加

財富，初不願從事製造軍用飛機、炸彈、機關槍、大砲，以毀滅人類生命與有用之財產。

在充實軍備企圖從事侵略之國家，以及畏懼外人侵略破壞本國安全之國家，現均以其國家收入之大宗直接糜費於軍備，其比例或竟達其國家收入百分之三十以至於百分之五十，至吾美國每年所用於軍備者則遠低於此，蓋僅百分之十一、二耳。

吾人目前之環境，容許吾人將金錢用於橋樑與公路，用於水閘及改造森林，用於保存土壤以及其他有用之工程，而不以之用於巨大之常備軍及戰事工具，吾人實非常愉快。

但余對於前途，仍不能不抱殷憂。世界人口百分九十之和平、自由及安全，現正為其餘百分之十之破壞國際秩序、國際法律者所威脅。然此百分九十願依法律及普遍遵行之道德原則以生存於和平之人民，固可以覓取途徑，且必需覓取途徑以實現其願望也。

夫今日之情勢，係與全世界有關，確切無疑。問題所關，不僅在於某一條約之某一條款遭受破壞，實乃為戰爭與和平之問題，國際法之問題，尤其為人道原則之問題。其為違犯條約，尤其國聯會章、非戰公約與九國公約，固屬確實，但亦與世界經濟、世界安全與世界人類諸問題有關也。

世界道德意識，對於失平之事，及確有理由之怨望，固須承認其有設法解除之權，但同時對於尊重條約之尊嚴，重視他國之權利與自由，防止國際間之侵略，尤應認為有無上之必要。

不遵法律，猶疫癘也，蔓延全世，有加無已，事殊不幸，當疫癘方興之際，社會人士固知贊同隔絕病人，以保護公共衛生，不受其傳染。

余決以和平政策為主旨，並採取適當措施，以免牽入戰爭之漩渦。夫處現在世界，參以過去經驗，猶有國家，違背神聖條約而侵犯對其未加實際損害且力猶不足自衛之他國，因以使全世界有捲入戰爭之危險，是固為不可思議之愚事，然世界和平，列國安全與幸福，今則正在此愚事威脅之下也。

一國不能自制，對於他國之權利與自由，不知尊重，決難久強，且亦決不能獲得他國之信任與尊重。一國以妥協精神處理爭議，且能隱忍以考慮他國之權利，亦決不致因此而喪失其尊嚴或地位。

戰爭之為物，無論其已經宣戰與否，均有蔓延可能。即去原來戰區甚遠之國家與人民亦可牽涉在內，是以吾人雖已決定置身於戰外，吾人要不能擔保不受戰爭之不幸影響，亦不能擔保不被捲入戰爭漩渦。吾人現正採取必要措施，以減輕吾人受牽入內之危險，特在此信任與安全兩俱破產之紊亂世界中，吾人亦殊難有充分保障耳。

苟欲使文明繼續存在，則基督之和平原則必須恢復，列國間既經破裂之信託亦必須重建，其尤為重要者，則愛好和平諸國之和平意願必須明白表現，以期彼冀圖違反現行條約與他國權利之國家，幡然改變其行為。維護和平實有待於積極之努力。美人痛惡戰爭，希望和平，故對於覓求和平，現方積極從事也。

三　中國對美方針和美國的動向報告

外交部電華盛頓胡大使

民國二十七年十月一日

胡大使鑒：密。該大使就職伊始，朝野期望甚殷，茲將政府對美方針列舉於下：（甲）歐戰發生時各問題。（一）英美對於遠東合作素為我國所期待，歐戰發生英或傾向與日妥協且必需求美國援助，我應與美成立諒解，請美嚴促英國勿與日本妥協，增我抗日之困難。（二）促請美總統實行其「隔離」quarantine 侵略者之政策，對日採行遠距離的封鎖。（三）日本企圖奪取英法在華利益，望美勿置身事外，尤以維持上海公共租界之地位及現狀為要。（乙）美國實行中立法問題。（一）促成美國修正中立法區別侵略國與被侵略國。（二）日本未對華實行戰時封鎖前仍望美國避免施用中立法。（三）日本斷絕中國交通時，應請美國將中立法中禁止軍火及軍用品之輸出暨財政援助等對日切實儘量施用。（丙）財政援助問題應繼續重視，並努力促美政府於最短期間助成對華現金或信用之借款。（丁）軍用品售日問題，美國現勸商民勿以飛機售給日本，應相機商請美國擴大其勸告範圍，使煤油、鋼鐵亦不售給日本，俾各國對於國聯盟約第十六條之實施較易實現。（戊）情報問題美國朝野之主張及活動應多方探採，隨時報告。以上各節，仰切實注意，並將辦理情形隨時電部為要。外交部。

王部長電胡大使

民國二十七年十一月十五日

Sinoembassy Washington, D.C，適之兄：此間政府同人對美態度最為關心，每週集會二次，咸願聽聞兄處消息，每以缺乏直接報告為憾。近如美方十月六日致日照會，輿論是否一致？擁護日文復文想難滿意，美政府有無第二步行動之準備？又美與英法除已同時向日要求開放長江外，有無採取其他平行動作之趨向？又選舉結果，共和黨國會席增加，雖其競選分野在於內政，但現政府對遠東態度究竟有無影響？中立法有無修改可能？兄最近與羅總統晤談情形如何？凡類此問題，此間固有新聞電可供參考，但仍盼隨時接到詳盡報告，以便政府研討。弟惠。

王部長致蔣委員長電

民國二十七年十一月二十二日

。密。羅總統於本月十日答復本部代擬之鈞座十月十五日去電復文，於本月十九日由國務院遞送胡大使，茲據胡大使節電如下：羅氏首述彼與中國在官方尤其個人方面之關懷，此項關懷發生於早年與遠東之聯繫及與中國人民長期的情感。續稱余之關懷在總統任內依然繼續，在過去十五個月中貴國人民所受之痛苦，激起余甚深之同情，而貴國人民之勇毅尤足使余欽佩。余確知美國人民對於余之關懷同情與欽佩具有同感。至中日間現有之衝突，美國迭經表示反對，不顧條約的權利義務而從事武力，並主張和平必須繫於法律與公平。惟我國雖極度

同情於中國，我方雖極願和平與公平得在遠東同時建立，美國政府之行動究須符合美國法律與美國人民隨時表現之公意，及美國對於可以實行事項之估量。在上述意見及考慮範圍內，余對現在華盛頓舉行之討論，敢向閣下保證對於提出之事項當予以最慎重及同情之考量，且始終切望遠東早日得到公正的和平等語。全文寄到後，當再譯陳。王寵惠叩，馬。

外交部電華盛頓大使館

民國二十七年十二月八日

Sinoembassy Washington, D.C，一二二四號，十二月八日。據郭大使報告，英方各有關機關正草擬對日報復辦法，日內完竣後擬與美方商決云云。同時美方似亦在擬議中，本日路透電傳美政府有不經國會同意，而對日德實施經濟制裁之計劃，希隨時探詢電告。外交部。

外交部電華盛頓大使館

民國二十八年一月八日

Sinoembassy Washington, D.C，一二五○號，一月八日。如國聯行政院決議為對日實行制裁，設置調整委員會 Co-ordination Committee 或類似委員會，邀請美國合作，美政府是否準備參加，又如此時決定再開九國公約會議，或二十三國諮詢委員會，美國是否仍願積極參與，又美如實行對日報復行動，是否願單獨進行，亦有與他國共同進行之趨勢，以上各點務希從速探明電復。外交部。

胡大使來電

民國二十八年一月三日

世電至感，賤恙今日醫云已全愈，不久即許出醫院。美政府世日復東京牒，態度之強硬堅決，為向來所未有，而後半明白宣示放棄中立條約修改，須經關係國用和平協商方式為之，日軍人正瘋狂必不肯採此和平協商方式。昨參院外交委員長畢特門宣言，日答復若不滿意，美國應採取經濟制裁。據畢所云，總統有權可禁日貨進口，但禁美貨運日則需國會通過，畢又言經濟制裁必不致促成戰禍，因日本必不敢對美宣戰也。

總之，此三個月中，美政府對德、對日均表示最堅定態度，造成不易挽回之局勢，使輿論與國會均不便公開反對政黨外交政策，故以後發展應較順利，英美合作更無可疑。最近有田宣言與近衛聲明，美國輿論均不重視，介公儉日駁近衛語，美報有扼要登載。汪先生主和事，頗引起注意。元旦政府毅然處分，各報均極重視，認為抗戰決心之最明表示。此電乞陳介公，並轉庸之、亮疇兩兄，至感。

四　美致日照會全文

美致日照會全文

民國二十七年十月六日

　　本年十月六日，美國駐日大使以長數千言之照會，送達日本政府，對於日方在中國施行之行動及政策，認為違反機會均等門戶開放之原則，侵害美國人民及貿易與企業，表示反對，並要求以迅速有效之方法，予以

制止。照會歷述日本侵害美國在遠東權益之事實，美國
向日本歷次交涉之經過，及日本維持機會均等原則之諾
言。結論要求日本政府實行其已經給予之保證，維持門
戶開放及不干涉美國權利，末謂為美日兩國關係計，日
本應早日答復。義正詞嚴，毫不寬假，可謂中日戰爭以
來第三國對日本最強硬之表示，亦可謂近一年來美日在
遠東關係上之總清算也。照會原文，美國務院於十月
二十七日在美京公佈。當時我國報紙，僅據外電登載綱
要，茲由中央社向外交部情報司覓得全文譯文，爰刊布
於次，以供關心遠東局勢者之參考焉。

　　美國政府對於貴國當局在中國實施之行動及政策，
曾迭次向貴政府申述反對之意。因美政府認為此等行動
及政策，違反在中國之機會均等原則及條件，即所謂門
戶開放是也。日本政府在答覆各次申述及其他公私折衝
中，曾明白保證在中國之機會均等——即門戶開放——
必予維持，惟美國政府不得不說明日本政府雖具此等保
證，而美國之權益，仍被日方侵害不止。

　　美國政府邀請日本政府注意現有之情況，茲先舉一
有關係之例，吾人回憶在日本佔據「滿洲」時，日本曾
保證「滿洲」之門戶開放政策將予維持，但該區域內主
要經濟活動，現已被日本人管理之特種公司獲得。此種
公司，係由特別許可狀而組成享有優越或獨佔之地位，
因實施此等優越及獨佔權利之結果，美國從前在「滿
洲」舉辦之企業，大都已被迫退去該地，依照日本與現
在「滿洲」施政之政體所訂辦法，准許物品及貨幣在
「滿洲」與日本間自由輸送，而對於滿洲與他國間（除

日本外）物品及貨幣之運輸，則嚴勵限制。

此種貨物運行之限制，藉統制滙兌辦法以實施之，而以一種使可實行之法令，載明日本在該法中不認為外國，日元亦不認為外幣，而滙兌之統制，即在根據此法令所訂規章之權力下實行，日本政府雖曾保證機會均等——即門戶開放——必在「滿洲」予以維持，而美國政府認為此項原則在該地域內已不復存在矣。

美國政府現正憂慮，恐在中日戰事爆發以來，日本軍隊所佔中國其他地區內發生一種與現在「滿洲」相同之情況，對於美國商務之競爭地位，有同樣之不利影響。一九三八年四月十二日，本大使曾請貴前任閣下注意，美國政府接得報告，顯示偏日本對華北貿易之歧異待遇，將因滙兌之統制而成，並請日本政府對於歧視美國利益之財政上設施，保證不予贊助或許可。當時貴國外務大臣雖謂日本政府對在華機會均等即門戶開放之原則將繼續維持，然日本政府對於申請各項，迄無明確之答復。

美國政府現知日本當局，已在青島事實上完成滙兌統制，出口貨價票若不售給橫濱正金銀行，則日本當局得任意禁止出口，而該銀行對於此種出口貨價票，僅給以武斷價額，此種價額較青島及上海通行公開之市價甚為低落，否則該銀行即拒絕購買。在煙臺顯然亦有略同之情況，更有進者，美國政府續接報告，在華北全部將成立大規模之滙兌統制。查統制國外滙兌交易，可以管制貿易及一般商業，日本當局在華北直接或間接實施滙兌統制，將使其地位足以阻撓日本與美國在華北之機會

均等,或自由競爭,在此種情況下,美國之進出口及貨
商之選訂,將全仰日本當局之鼻息。在青島滙兌統制,
雖實施不久,而歧異待遇之案件已有二起,美國政府已
注意及之。第一案,某美商向營某種主要物品,竟不能
將其貨物向美運出,因日本當局堅持其貨價票必售給一
日本銀行,而售價則較公開外滙華幣市價過低,致交易
非但不能獲利,而且將受虧損。而最近有一日本競爭商
家,已完成一大批之輸運,其貨價以美金折合計算,適
合照公開滙兌市價折成之當地市面貨價也。另一案,某
美商家向上海購買煙草,曾被阻止,因除非該商家以外
滙購買所謂聯合準備兌換券、或日元,而照任意所定之
低滙價計算,則不准其購買,此種限制情形,對日本或
中國競爭之商家則無之,美國政府已向日本政府提出,
在日軍佔據中國各地區內,經日本政府正式贊助所施之
政體,對於中國海關稅率所為之修改,乃為武斷及不合
法的濫施權力,此在日本政府,實有不可避免之責任。
凡一「外國」為擴展其自身利益計,實施其最後決定之
權力,直接或間接對於貿易加以管制,徵稅或禁止,在
此種情況中,實不能有在華機會均等或門戶開放之存
在,此無待贅言也。在華機會均等或門戶開放原則之
基本前提,乃為在中國經濟命脈中,不有直接或間接
對於某外國或其人民優越或專利權力之存在,其理不
解自明。

七月四日,本大使向宇垣大將談及美國政府之願
望,為欲取消此種因在華特種公司及專利之結果,而對
於美國貿易及其他企業所有之限制及阻礙,貴國外務大

臣曾謂中國門戶開放，將予維持，美政府可深信日本政府將十分尊重機會均等之原則云云。雖有此等保證，而北平臨時政體在七月三十日宣佈，「中國電話電報公司」在次日成立，據報此種組織之目的，在管理並獨占的實施華北全部之電話電報交通。七月三十一日在上海亦組織「華中電氣交通公司」，而日軍特務隊已通知各外國電報公司，謂此新公司之目的，在管理華中之全部電氣交通。按照半官式新聞報告，「上海內地輪船公司」七月二十八日在上海組織，以日人管理之，其目的擬稱在管理上海附近地帶之河運。據本國政府所得消息，日方已組織公司，接收管理前此公有公管之青島埠頭，若此則無論何國之船隻，在地位及裝卸之分配上，將惟日本機關是賴，華北羊毛交易，據報現為日本專利，而該地區內煙草專利聞亦正在組織中。本國政府更據多數報告，謂日本政府現正組織兩個特種開拓公司，日本政府已給許可狀，並加以管理，以圖對於中國某種鉅大經濟企業投資統一並管理之。

本大使所述各種事項，足以證明日本在華政策之明白趨勢，並明示日本當局在日軍佔據地區內，正圖造成日本權益之一般的優越及超特，其不可避免之影響，將破壞門戶開放原則之實施，並剝奪美國人民之機會均等。

本大使復欲請閣下注意者，為日本軍事當局加於在華美國人民種種不合理性之束縛，雖美國在華條約權利依舊存在，雖日本政府嘗迭次保證，謂已設法擔保美國之人民權益及財產，不致遭受日本當局不合法之干涉，

致使美國權益仍繼續遭受嚴重之不便與困難，尤請特別
注意於日本軍事當局，對於美國人民之欲重回並住居其
故產者之種種限制，此等美國人民，曾為中日衝突被迫
退出，且其財產曾經或仍舊為日本軍人所佔住。再當提
及者，為日本在上海檢查並干涉美國之郵件與電訊，及
其種種束縛加於美國人所應享有之貿易、居住及行旅之
自由，此並包括使用鐵路、船隻及他項便利而言。查日
本商船，現正在上海南京間輸運日本商品，此項商船，
不予載運別國商品，而美國與其他非日本船隻，又以軍
事上必要為理由被擯行駛於長江下游，又美國人民申請
通行證以便回歸長江下游某某地面，竟遭日本當局以治
安秩序尚未完全恢復為理由而拒絕，實則群知日本商人
及其家屬，固已早在該地矣。

　　美國人民及其權益已因現在之中日衝突，在遠東遭
受重大之損失，即在最有利之情況下，欲使美國貿易及
企業早日回復舊狀，亦不可期及。而美國人民對於日本
當局在華之繼續無理干涉，及日方種種行動與政策，足
以剝奪美商在華機會均等之利益者，日相抗拒，則尤為
美國政府所難容忍。於此，更須申明者，即美國商業及
其別項利益，在日本國內，亦以因其在華軍事行動而施
行之工業、商業、滙兌及其他種統制之結果，而遭受非
常之艱苦。

　　美國在遠東之權益，已如此操握於日本當局之手，
美國政府尚未在其本國或第三國領土內，設法造成或促
成出口禁令、入口禁令、滙兌統制、優越權利、各項專
利或特種公司等等辦法，藉以消滅或漸令消滅日本之

貿易及企業。美國政府對於日本人民及貿易與商業之待遇，非但一以一九一一年日美商約之條文及精神為依歸，且以國際公法及國際秩序之基本原則為本務，因美國對於任何人民及其利益，素來根據上述基本原則，以定其政策，日本商務及企業迄仍享受在美之機會均等焉。

美國人民及貿易與企業，在中國及日本遭受日本當局之待遇，以視日本人民及貿易與企業，在美國政權所及地區內遭受美國政府之待遇，實有甚大並增長之差別，貴外務大臣閣下，不能不予承認也。

在上述情況下，美國政府申請日本政府實行其已經給予之保證，維持門戶開放，並不干涉美國權利，以迅速及有效之方法，促成：

（一）停止在日本管理之中國地區內，直接或間接歧視美國貿易及企業之偏惠、滙兌統制及其他辦法。

（二）停止任何專利、或足以剝奪美國人民在中國從事任何合法貿易，或工業權利之任何優越權益，或意圖偏惠日本利益，而對於中國任何區內商業或經濟之發展，造成任何普通的超特權之任何辦法。

（三）停止在華日本當局對於美國財產及其他權利之干涉，包括美國郵電之檢查、美國人民住宅暨行旅之限制，以及美國貿易及航行之限制等等干涉在內。

美國政府深信，為美日兩國關係計，早日之答復，當必有裨益也。（中央社）

華盛頓胡大使來電

民國二十七年十一月十六日

重慶外交部。八二五號，十五日。王亮疇兄：十五日電敬悉。（一）十月六日發表時輿論一致贊許，但多數報紙論調以為此問題不值一戰，然精明之觀察者則謂門戶開放與九國公約是一事。六日照會與本月四日外部對三國宣言，實使美政府走上與日本正面敵對之路，其影響關係半個世界云。（二）此照會東京將於十八日答復，聞其影響，美政府將有重要表示。又聞總統已親草表示之文字，此訊無從證實。（三）三國同時要求開放長江，昨敵拒絕。此似為平行動作起點，聞下一步傾向經濟報復。（四）國會選舉結果，民主黨在參議院佔四分之三，眾議院佔五分之三，其對外政策上影響現難測，但政府在兩月中對遠東若取積極態度，則國會勢不能不擁護政府。（五）最近美政府正對日有所表示，故選舉後適未請見政府領袖。（六）頃與蘇代辦長談，彼云除非日侵蘇領土，蘇不致有武裝行動。（七）此電乞陳汪、孔諸公後，當續報。適。

附註：十五日去電，盼將美方近傳詳細報告，以便政府研究由，電報科謹註。

外交部致電華盛頓大使館

民國二十七年十一月二十日

Sinoembassy Washington, D.C，一二〇七號，十一月廿日。日政府復美照會，強辯未歧視美國利益，而末段竟謂如欲以過去不適用之觀念與原則引用於現在及將來之

情勢，則於東亞和平及當前問題兩無裨益。日方之欲撕
毀九國公約已在此次外交文牘中明白表示，想美政府必
用更強硬之語氣駁復日方，對於條約尊嚴諒必重申其向
來主張。惟日方蓄意併吞中國，排斥歐美，昭然若揭。
決非僅賴外交文字可以挽回，美方如不於此時採取有效
報復行動，日本益將無忌憚。據郭大使電告，英方對拒
絕長江復航，正在擬議報復辦法，我方深望美國迅即單
獨或聯合英法盡量實施報復，藉促日本之覺悟，希密商
美政府進行。外交部。

五　美國二次致日照會全文

美第二次致日照會全文

民國二十七年十二月三十一日

一九三八年十二月卅一日，美國駐日大使致日本外務省
大臣之照會，全譯文如下：

　　關於美國在華權益事，日本政府對於美國政府十月
六日照會，於十一月十八日所致予美國政府之答覆，業
已收到，並已予以充分之考慮。

　　鑒於事實與經驗，美國政府不得不重行申述其前此
所已表示之意見，即對於美國在華從事慈善、教育、商
務事業之人民之行動，所加予之限制，業已置日本利益
於優超之地位。此項限制，如果繼續，且必使日本利
益，居於優越之地位，此實無疑的使美國合法利益，遭
受歧視之結果。而如在中國某某地域之外滙管理、紙幣
強迫流通、修改關稅、提倡專利等等，則日本當局，似
已假定日本政府或以其武力所創設維持之政府組織，可

以以主權者之資格在華行動，並假定在如此行動之中，可以對於其他國家以及美國之確定的利益，予以蔑視，或竟宣告其不存在，或宣告其廢止。

　　美國政府，曾已表示其深信以為此種種之限制與辦法，不但有欠公允正當，且實與若干美日兩國所自由簽訂及若干並有其他國家在內所共同簽訂現仍有效的國際條約之規定，有所抵觸。

　　在日本十一月十八日照會之末段，日本政府曾表示深信，以為鑒於東亞迅速發展之新形勢，即一切企圖，欲將不可適用之過去的觀念與原則，適用於現在或將來之情勢，將不獨於東亞真正和平之建立，無所貢獻，且將若干現實事件之解決，亦無所裨益，且以為果能了解以上諸點，則日本固絕不反對美國及其他國家，於一切實業上、商務上，共同參加建設東亞之偉大工作。

　　美國政府在其十月六日照會中，曾以日本政府歷次保證其於對華關係上，願意遵守機會均等原則，並以日本按照其條約上義務，亦應如此遵守，請求日本政府遵守此項義務，並實行其保證，而日本政府之答覆，即顯謂日本政府之遵守該項原則，須以美國政府及其他各國政府了解日本當局在遠東所計劃所扶持之「新局勢」、「新秩序」為條件。

　　關涉遠東局勢之各條約，規定本甚廣泛，但在締訂各該條約時，在各該締約者間，原有一種「取」與「予」之辦法，為實行各該條約中某某規定計，約中每更別有規定，為使締約者獲得對於某某事項之安全，每一締約者又往往對於其他某某事項，自允犧牲，凡此種

種彼此同意之規定，殆可謂構成一綜合的辦法，為全體之利益，保障互相關聯之兩原則，即一方面為國家完整之原則，另一方面為經濟上機會均等之原則。按諸經驗之所示，國家完整原則破壞後，機會均等原則之被蔑視，恆必隨之而來，蓋無論何時，某一國之政府，於其領域之外，開始施行其政治權力，則必發生一新局勢，使該國人民要求優越待遇，且必由該國政府給予此種待遇，於是機會均等，即終止存在，而足以產生摩擦之歧視辦法，遂以盛行。

日方勸告，謂美國人民在華享受非歧視之待遇，此實普通而久經確定之權利，自茲應以美國政府承認日方當局心目中所謂「新局勢」、「新秩序」之有效為條件，依美國政府意見，實屬異常矛盾。

美國之遵守並主張機會均等原則，並非僅為實行該項原則，可以當然獲得商業利益，實以深信遵守該項原則，則可藉以獲得經濟與政治之安在，內以引致各國國內之幸福，外以使各國相互間得有益及和平之關係，並以深信違背該項原則，則必發生摩擦與惡感，而使一切國家尤以違背該項原則之國家，均將感失公平。復以深信，遵守此項原則，則可增進商業途徑之開闢，而可使各國之商場、原料、製造品在相互有益之基礎上，均得利用。

不但此也，此項經濟上機會均等原則，實一久經且屢經日本所確切贊成之原則，且係日本政府對於各種國際條約，或國際諒解內所自允遵守之原則，並係日本政府屢次自動的堅求他國遵守之原則，更係日本政府於最

近數月來自行宣告遵守之原則。

美國人民及政府對於任何第三國，以其自己之發動，為其自己之特殊目的建設一種局勢，武斷的剝奪美國與其他各國人民所共同享有之久經確立的機會均等，與公允待遇之合法權利，實決不能同意。

根本原則，如所謂機會均等原則者，實已久視為確屬良好公允，且係廣被採納普遍適用，自不能以單方之主張，而使其無效。

關於日本政府覆照之暗示，所謂遠東「現在及將來之情勢」，實使過去之觀念與原則，有修改之必要一節，美國政府，甚願重提其對於修改條約問題所提之態度。美國政府於其一九三四年四月二十九日致日本通牒中，曾表示「條約可以依法修改或廢止。但只能依照締約當事者所事前規定，或承認，或同意之程序實行之。」

美國政府又於同牒中說明，「據美國人民及美國政府之意見，任何國家於涉及其他主權國家之權利義務及正當利益之局勢下，苟無各該其他關係國家之同意，則斷不能將其一己之意旨，作為最後之決定」。

美國國務卿於一九三七年七月十六日之官方公開聲明中，曾聲言美國政府主張「以和平談判及協議之程序，調整國際關係上之問題。」

在近數十年中，若干國家，日本與美國亦在其列，曾歷次就遠東局勢與問題，互相諮詢，互相商討，於從事關於此等事件之商榷及會議時，關係當事國對於過去及現在事實，既均必與以考慮，而於該項局勢之能有

變遷，宜有變遷，亦未嘗不予見及。締訂條約之時，各國且更曾制定條款，以便利有益之發展，而避免在該項區域內各有關係國家之發生摩擦。鑒於此種事實，更特別參照歷次如上稱，確定目的而鄭重協定的條約規定之目的與性質，苟此種協訂當事之一國，竟如其工具之行動，與其當局之正式聲明所明示，決心開始一種行為，藉其自擇之方法，在遠東方面擅自創造一種「新秩序」，置其條約諾言與其他關係國家之確定權利於不顧，則美國政府，實深反對。無論遠東局勢已有如何變遷，又無論現在局勢如何，美國政府之關係，實不減於其對該處過去局勢所抱之關切，該處此後之或得發生的變遷，變遷之或得促成「新局勢」與「新秩序」之產生者，亦同樣為美國政府現在及將來所關切。美國政府明知局勢已有變遷，美國政府更明知此種變遷，若干係由日本行動所造成者，但任何一國，於其自己主權以外之地域中，擅自規定「新秩序」之條件及情狀，並自以為係該地域權力之淵源，及命運之主宰，美國政府誠不能承認其有此必要或有所依據。

為調節遠東關係，及避免在遠東及由遠東而發生之摩擦起見，曾訂有若干條約，為適應此種目的計，此種條約中含有種種限制條款，此種條約之當事國，曾歷以談判及同意之程序，酌就變遷之局勢，蠲除限制，並促成局勢之進一步的發展，以謀限制之進一步的蠲除，此則為舉世所共曉。前此遠東各國關稅自主之限制，即係以此種程序而撤除者。西方各國對遠東各國所享有之治外法權，除中國而外，亦係以此種程序而放棄者。而即

在一九三一年以前（包括該年在內），在中國享有此項權利之各國，包括美國在內，亦方在積極談判準備放棄此項權利，且已頗有進展，一切聰明公正之觀察家，類能明悉美國及其他「條約國」，在近數十年來，未嘗斤斤於固守其對遠東國家之所謂「特殊」權利與特權，且雖不斷鼓勵遠東國家，發展某種制度與行為，期於該種制度與行為實現以後，可以安穩並隨時放棄此種權利與特權，一切觀察家亦均已明見此種權利與特權，業經各享有之國家以同意之方式，陸續自動放棄。

美國政府與若干其他政府之所堅持者，唯有一點，即新局勢必須俟其發展到達足以撤除彼種「特殊」保障限制之程度，而此種撤除，則必須以正規之程序實行之。

美國政府無論何時均認為條約可以修改，但始終堅持此項修改，唯有以談判及協議之正規程序行之，方為正當。

日本政府亦嘗屢次表示，抱持同樣意見，美國於國際關係中所有權利義務，或係導源於國際法，或係根據條約規定，就其以條約規定為根據者而論，則其與中國有關之權利與義務，一部份係以美國與中國之條約為根據，一部份係以美國與若干其他國家包括中國日本在內之條約為根據，此諸條約，均係誠意訂立，所以保障並促進全體締約國之利益，初不以某一國之利益為限，美國人民與政府對於任何他國之工具或當局之武斷行動，取消美國之任何權利或義務者，概不能予以同意。

但美國政府對於以正義及理智為根據之任何提議，

冀以適當顧全全體直接關係國權利及義務之方式，藉全體關係國之自由談判重新訂約程序，而解決各種問題者，向即準備，現在亦仍準備予以適當及充分之考慮，日本政府前此固有而現在亦仍有機會提出此種提議，倘此類提議一經提出，則美國政府前此固已願意，現在亦仍繼續願意，與其他權益有關國家包括與中國在內之代表，在任何共同協定之時間與地點，進行討論。

同時美政府保留美國現在存在之一切權利，並對於此種權利之任何部份，作任何之侵害，不予同意。（一月十二日中央日報）

六　中國與美國商洽情形

華盛頓王正廷來電

民國二十六年七月十七日

南京外交部，四七五號，十六日。七四七電敬悉，英文節略亦照收到。已於今晨面遞美外長並說明經過及緊急情勢。外長詢問引用九國公約究竟能否有濟於事，抑將促進戰事。廷答現在我國準備竭力抵抗，列強倘能協助祇少可予日本道德上制裁，增進日本溫健派勢力，或能遏止軍人氣燄，避免戰禍。外長頗以為然，並謂聞七月十一日雙方訂有協定之說。廷答當地軍人約定停戰或許有之，但無任何經中央核准之協定。究竟有否？尚祈示知。再節略內日軍二十萬數目似有錯誤，已面告外長。諒因已代轉錯誤所致，廷今午參加上議院議員 Robinson 追悼會，得遇各方有關人員，約略解釋。王正廷。

附註：七四七號去電，係另發英文節略，仰即對九國公約簽字國（日本除外）及德蘇同時遞送，由謹查英文明碼去電中 20,000 原無訛誤。駐美大使館來問，已向此間電局詰問，據答係美國電局所致，已打公電更正謹特附陳，電報科謹註。

華盛頓大使館來電

民國二十六年八月十八日

南京外交部，五一四號，十八日。美國軍人紛請投效，其中富有經歷並願自備資財者亦多，我國是否招僱外籍軍人？又此間僑民願輸財救國，同情我國美人亦願捐款助戰，政府能否模仿歐戰時英美政府發行自由公債？統乞核示。

華盛頓王大使來電

民國二十六年十月十二日

南京外交部，五八三號，十一日。九三九、九四一號電敬悉。美總統演說全國響應，中南美各國亦均贊助，六和平團體祇反對其不引用中立法。自中日戰起該團體無日不主張實行中立法，其與美政府之影響亦可見一斑。聞以後政策許以美政府先引用中立法，然後與各國合作維持和平云。目前最大病根乃在中立法，勸美政府不予引用暫達目的，本館以後宣傳方針擬使美人明瞭中國極不希望美國捲入漩渦，中立法不應適用於亞洲，有修改之必要，史汀遜及外交政策協會已均有此種建議。至國會孤立份子雖極力聯絡，仍未十分見效，當繼續努力，

幸國會於年初始行開幕，如總統召集特別會議亦在十一月間，屆時美人輿論當可改變議員態度，照廷觀察美國在九國公約會議將主張先禮後兵，先設法調停不遂，與各國採取制裁方法。美代表人選當不出 Norman Davis（臺維司）及駐法蘭西大使二人，已多方聯絡。王正廷。

里約熱內盧巴西大使館來電

民國二十六年十月十六日

南京外交部，三十九號，十六日。十一日電敬悉，關於中日問題，巴西官民各方對我均表同情，各要報輿論不贊成日本舉動，巴西總統十四日對紐約時報訪員云，巴西完全贊助美總統五日在芝加哥演說之主張。前日志往晤巴西外長，面告日方使用毒氣，當時巴西外長告知巴西政府對我表同情，完全贊助美總統之意，在道德上、精神上贊助中國，巴西雖未加入九國公約，將來必極力贊助美政府對中國任何護助舉動。又云巴西地廣物富，軍事力薄，情形與中國大致相同，不能不注意防備，將來日本在巴西或有同樣侵略舉動。又云近日巴西人民發起排斥日貨，日大使已抗議，惟巴西外長答以人民排斥日貨如不違背法律，政府無從制止云云。謹電聞。駐巴西使館。

附註：十一日轉去電，係駐在國政府及民間與私人，對中日問題意見及九國公約會主張，仰探電部由，電報科謹註。

華盛頓王正廷來電

民國二十六年十二月七日

外交部，六一五號，七日。晤美外長探詢美方究竟有何積極辦法，據告軍事及經濟上無須國會通過者，美政府可與援助。如英國有積極辦法，美可合作，探其口氣，英似因歐局關係，祇希望美國獨當重任。後復晤畢脫門，同一語氣，然二人均極願英、法兩國速定方針，美國當予積極合作。王正廷。

華盛頓王正廷來電

民國二十七年二月七日

漢口外交部，六七〇號，七日。請審呈蔣委員長鈞鑒：今日晨謁美總統面遞鈞電，並詳告我國抗戰決心及經濟情形，請其協助。總統答稱，美政府第一步辦法在制日，現已暗示全國銀行界不可借款日本，聞日政府有沒收日民在美資產之議，美政府正謀應付方法。第一步雖係對日，然暗中已有助華之意，至第二步助華辦法正在研究，稍待時機成熟再行採行等語。總統對鈞座抗敵決心應戰策略極表欽佩，照其個人意見增強游擊軍隊四出攪亂，必能收效。總統態度誠懇，深知利害，惜因國會中立空氣濃厚，未能立即貫澈主張，祇可逐漸進行，謹電奉聞，伏懇嚴守秘密。正廷叩。

華盛頓王大使來電

民國二十七年五月五日

漢口外交部，七二六號，五日。增加海軍案通過國會以

來，美政府政策顯是強硬。修改中立法案本屆國會似有通過可能，孤立局面當可打破。高級政府官員如陸軍部長、外交次長及上議院外交委員會委員長，今日或演說、或廣播，均有美總統芝加哥演說口氣，警告獨裁國停止違法行動，尤以陸軍部長公然指摘日本為破壞世界和平罪魁。謹聞。廷。

華盛頓王大使來電

民國二十七年五月二十一日

外交部，七三七號，廿一日。徐州戰役美報稱頌我軍英勇，並謂日軍以最大犧牲得一小勝利，與戰局無甚影響，華軍主力未傷，尚可繼續支持云。又上海消息，英、美、法領事團曾開會數次，英法有邀請美國共同調停准日本在華北有特權之說，未知確否，特聞。王正廷。

華盛頓王大使來電

民國二十七年五月二十一日

外交部，七三八號，廿一日。密。一六四號電敬悉。經向各方調查均謂並無其事，前美總統曾面告已密飭各銀行勿借款日本，想各行不致違背政府意旨，至鮎川行動，當遵注意。王正廷。

附註：164 號去電，南滿鐵道三井等各大公司暗中向美摩根銀團接洽事，並對鮎川渡美遊說加以注意由。

華盛頓王大使來電

民國二十七年五月二十一日

外交部。七四〇號，廿一日。我國飛機飛往日本，美人頗為注意，日方否認，請將飛機及飛機師等照片從速由航空郵寄，以便宣傳。王正延。

華盛頓胡大使來電

民國二十七年十一月十九日

外交部。八二九號，十九日。一二〇六號電悉。長江航行只是整個門戶開放問題之一個實例，門戶開放亦只是九國公約目標之一，今日美日正面對抗之主要爭點，在九國公約是否有效。昨夜東京發表復美十月六日抗議全文，此文結語明言「在今日明日而欲援用已過去之不適用的原則，既無補於東亞的真和平，亦不能解決當前問題」云云。此言等於明白否認九國公約之原則，美政府今晨無表示情勢，須待至星期一。前日美召回駐德大使，昨德亦召回駐美大使，三日之中頓成絕交形勢，殊非五日前任何人所能懸料。國際動態皆由事變促成，此最可供玩味，並轉陳孔院長。胡適。

附註：一二〇六號去電，望即探明美政府對長江航行問題，最後究擬採取如何態度由，電報科謹註。

外交部電華盛頓大使館

民國二十八年一月十四日

Sinoembassy Washington, D.C，一二七八號，十四日。864號電悉。美政府對日軍進攻海南，究取如何態度？

是否認為危及斐律賓，是否更將促成關島之設防。聞法政府為海南事正與英方取得聯絡，美方態度法亦極關心，法之拒絕假道運輸軍火原為海南，今該島概被侵占，法無所過慮，不應再示怯弱，除電顧、郭二使外，希密商美政府，勸請法方立即撤消軍火通過越南禁令，仍盼電復。外交部。

紐約于焌吉來電

民國二十八年一月十九日

重慶外交部。情報司。美使詹森十七抵紐，吉赴碼頭歡迎，陪往醫院見胡大使。今晨報載詹森在華盛頓談話，略稱我民氣極盛，人民樂觀，戰事將延長，飛機轟炸不能戰勝中國等語。又關於禁售軍用品與日運動，王前大使、本館及張彭春教授暗助組織之 American Committee For Nonparticipation In Japanese Aggression 今日公佈聘得前任外交部長史汀生為名譽會長，將擴大工作，餘飛郵詳。抵制日貨報告已飛郵寄。吉。

華盛頓胡適來電

民國二十八年三月三十一日

重慶外交部，八八六號，三十日。一三一〇號電敬悉。適昨與美外部談話要點，在說明此時西班牙內戰已完，而歐戰只是一種懸測，畢案若成立，只有中日戰事，當然受其拘束，則是歐洲民主國未受其利，而遠東為民治主義作戰一年半之中國已先蒙其大害。前與畢特門談話及通信，則在指出其三月十九日演說中事實上之大錯

誤，說帖二件飛郵呈。畢案祇六案之一，參院各派對此問題意見分歧，故畢案前途此時尚難預測。參院外交股定自四月五日起公開徵詢意見，約在二星期後可由該股決定方案，提交參院討論，適自當隨時電陳。

附註：一三一號卅日去電，係畢氏等對執事如何主張有號轉變由，電報科謹註。

巴黎顧大使來電

民國二十八年四月十八日

重慶外交部。一〇三二號，十八日。頃晤美大使，告以我請法政府在財政上協助各辦法，並託其從旁贊助，渠允照辦，對減輕越南通過稅之提議，尤感興趣。次談歐洲大局，彼意在德國國會開會前，戰事不致爆發，德之策略在拖義與西班牙兩國先入漩渦，以免臨時發生變卦。並謂現在法、英軍事佈置殆均告竣，隨時可以應戰。鈞問美亦已準備參加否，彼答美國政策之推進，鑒諸既往，當可洞悉，察其語意參加一層不過遲早問題而已。顧維鈞。

華盛頓胡適來電

民國二十八年四月二十日

重慶外交部。八九七號，十九日。極密。今午謁羅總統談二事：（一）中立法案，彼謂據現在形勢眾議院可望通過，直截廢止中立法，但參議院形勢稍複雜，惟畢特門最同情中國，彼必不忽視中國之利害云。（二）本日東京朝日新聞載，美總統將有同樣牒文致日本總統，笑

有力量而不能運用，今日之事此點最為關鍵。美國海軍
之調回太平洋已足使敵人震驚，鼓浪嶼之美、英、法海
軍合作尤出敵之意外，號稱受中立法束縛之美國，忽然
與英、法各調兵艦到廈，各派四十二名陸戰隊登陸，而
美國報紙無抗議，國會無質問，豈非揭破中立法之大謊
乎。蓋美國總統為海陸軍元帥，其權力足以造成作戰局
面，此點似甚使敵人注意。鄙意以為海上勒停英、法船
舶之舉動，其用意似在聳動美國會內外反戰孤立各派，
使其更感覺日美海軍衝突之危機，使其更感覺美國在遠
東與英、法合作之足以招致戰禍，使其更感覺行政首領
對外權限之必須減縮制裁也。鄙意如斯揣測，其確否當
待事實證明。近日國會兩院外交股密商中立法案，聞
頗有回到舊日國際公法之中立概念之趨勢。畢德門湯
姆斯（Pittman Thomas）兩派及根本廢止中立法一派，
似均不能得多數歡迎，參議院有 Gillette 案，眾議院有
Bloom 案，其意皆欲恢復舊日國際公法。所謂中立國權
利而略加限制，其中最重要之限制，為總統所公佈指定
之鬥爭活動區域，在此區域內美國船舶不得行駛，此區
域之外則美國船舶如商品往來包括軍械貿易，均不受限
制。眾議院此案提案人 Bloom 是眾議院外交股代理主
席，與政府甚接近，其案至今尚不公布，但已發交外交
股研究簽註，聞外交部意頗袒此案，倘此派主張得成
立，則現行中立法之劣點十去其七、八，而往日中立國
戰時權利十復其七、八，已近於上次歐戰時之狀態，此
亦日所憂慮。故鄙意謂海上搜查英、法船舶，不但威嚇
英、法而離間美國，實亦有意明示海軍衝突之危機，使

美國潛伏反戰份子更出力擁護中立法恢復孤立政策也。
右電敬乞抄送，蔣總裁、孔院長及翁詠霓、王雪艇兩
兄。九日美潛水艇失事，死廿六人，已以政府名義致
唁。適。

永安福建省政府來電

民國二十八年五月三十一日

急。重慶外交部，元電敬悉。密。鼓嶺公堂不能通電。
探據福州美領得鼓嶺美領電：敵水兵貳百名帶械登陸，
捕華人第一批約十名，二批約二十名，英、美艦一到，
敵即撤退一六〇名，留四十二名。英、美向其交涉盡撤
無效，各派四十二名登陸，法艦續到亦派四十二名，將
該島分三區，由三國駐防。惟敵之四十二名未劃定區，
混在島上，並要求工部局董事會主任秘書及警長由日人
充任。現三國正交涉中，態度明顯，即不許以暴力造成
事實，將來增防或撤退人數，悉以敵方行動為標準等
語。特復。福建省政府引秘二永。
附註：五月十三日元去電，敵在鼓嶺登陸詳情及領事團
對此表示希查復由。

華盛頓胡適來電

民國二十八年五月二十九日

重慶外交部，九二八號，廿八日。美外長前日邀眾議院
外交委員會多數議員，到其寓所談論中立法制，此為政
府領袖第一次對此問題表示意見。昨日外長又有長函致
兩院外交委員會長，發表其對中立法各案之意見，其大

旨云美國立法避免牽入國際戰爭固屬重要，而謀維持世
界和平，使戰爭不致發生尤為根本要圖。美國在今日決
不能孤立，如此一個大國所立法令之內容不獨影響本
國，亦足影響其他各國，吾人切勿妄想普遍而無彈性之
原則可以隨時應付一切新興之境地。吾人為避免戰禍而
立法，只能謀在吾人所能想像之境地中保全本國權益，
同時使本國人民所增之非常負擔及平時經濟生活所受障
礙，皆不超過最低限度。故立法要旨應與國際公法之傳
統觀念相差不太遠：第一，現行中立法中對交戰國禁售
軍械一條應刪除。第二，美國無論裝運何物，均應禁其
駛入戰鬥區域。第三，美國人民在戰鬥區域旅行宜加限
制。第四，一切輸入交戰國之貨品，均應於起運之前交
割與外國買主，以後損失與賣主無干。第五，現行法中
關於對交戰國借款及信用一項可以繼續。第六，交戰國
在美募集款項應加管理。第七，現行法中國家管理軍械
委員會及軍械出入口執照辦法均可繼續。總之上述各項
用意不出兩途，一為避免捲入戰禍，二為使本國容易維
持中立云云，適，待續。

華盛頓胡大使

民國二十八年七月二十七日

重慶外交部。九七一號，廿七日。昨晚美政府照會日本
廢止美日商約，據聞係白宮、外部與參議院領袖協商之
結果，主要原因約有三：（一）為連日漢口、蕪湖、北
平各地美人受敵軍強暴待遇。（二）為江海各埠之美國
商業在兩年來受敵軍種種限制，歧視打擊。（三）為政

府中立法案之失敗與國會制裁日本諸案之擱置，均足使侵略國誤解美國立場，故行政首領毅然作此表示，促歐亞之強暴知美政府實有制裁暴行之權力，但不輕易行使耳。參議院兩黨領袖，對此舉均表示贊同，國內輿論之一致贊同似可預測，容續陳，右電乞抄送蔣總裁、孔院長及翁詠霓、王雪艇諸兄為感。適。

紐約張彭春來電

民國二十八年六月九日

重慶外交部。關於修改中立法案，兩星期來因美外長表示及下議院代理外交委員長提議，空氣略為轉佳，修正通過可能性以下議院較上議院為多，但閉會期迫可否通過不無疑問。至於有關中日特殊立法，現以 Schwellenbach 上議院議員六月一日提案最堪注意，該提案經 Price 暗中活動襄助頗多，全文日昨飛郵寄出，內容要點為國家如違反與美簽訂之條約，而侵略第三國之獨立及領土行政完整，美國除農產品外自動限制本國任何出產物供給該違約國，此提案經上議院數議員贊助，有與畢德門特殊提案水乳合併趨勢。畢氏示意與 Price 此兩星期內應致全力於特殊爭端之輿論活動。彭本日飛往芝加哥、坡特崙、金山、羅安琪在商會等重要機關講演及與該處史汀生委員會工作人員密洽，六月廿日返紐約。彭春。

巴黎大使館來電

民國二十八年六月十日

重慶外交部。一〇九九號，十日。因東京傳言英、法、美擬調停中日戰事，經派員探據法外部亞洲司人員稱：三國並無此意，為彼等在遠東利益及世界大局起見，希望中國繼續抗戰，以達最後勝利，俾日本無力西顧歐局。此次三大使，同時赴渝，事屬偶然，並無特殊使命。再法方禁止某種礦產出口事，因英、美未與採取同樣步驟，而越南商界抨擊頗力，故恢復發給出口特許證辦法不再屬禁。英、美認該種技能制裁日本辦法，實行頗費手續，困難亦多，而實際並無大效，不若共同設法協助我國較為實際。現由英外部籌劃具體方案再行徵求法、美意見云。大使館。

紐約總領館來電

民國二十八年七月三十一日

重慶外交部，二二二號，卅一日。此次美政府驟然取消美日商約，國際情勢及內部黨派原因雖多，而輿論方面督促政府採取積極步驟之力實大。抗戰以來在美各方宣傳救濟工作，實促成輿論要素，不參加侵略委員會及張彭春博士奔走甚力，張昨晨飛英取道回國。查國會明天將討論停止軍用品赴日案，此數月內在美工作極為重要，如能促彼等早日回紐約，共同努力，收效必大。總領館。

巴黎顧大使來電

民國二十八年九月十四日

重慶外交部。一二○五號,十四日。頃訪美大使,告以法、日商訂不侵犯條約之說,彼不知已否進行,惟云此意不限於法方,倫敦更覺濃厚,宜注意。並謂此次英、法與德作殊死戰,對最後勝利尚無把握,蘇聯正與日本進行談判,其對歐戰態度,十分可疑,故欲日本使其中立而保障英、法在遠東權益,是為常情。鈞言日本南進政策,決不放棄,此時英、法欲求緩和,適足示弱,助長其侵略野心,彼亦以為然,問具體制止辦法,鈞重提前日所提二端,(一)設法商訂英、法、美、蘇在遠東合作辦法,以謀一勞永逸之根本解決。(二)利用目前蘇聯大軍壓迫優勢,由英、法、美共同勸告日本放棄對華侵略政策,尊重條約,與有關係各國共商遠東問題之總解決。美大使謂第一項因英、法、美均不能信任蘇聯,實屬不可能。第二項為各方設想,誠是重要。前已密告美總統,現擬再電催云。顧。

西雅圖江易生來電

民國二十八年十一月十六日

重慶外交部。六十七號,十六日。是日本埠 Washington Commonwealth Federation 夜宴,到五百餘人,職被邀參加演說,略述歐戰以後美國輸日軍用原料激增情形。旋由本省下議員 Warren G. Magnuson 演說,稱美政府決於日美商約滿期時,對日實施禁運,並謂明年一月二十六日晨八時,本省上、下議員八人將於國務卿

Hull 辦公處靜候頒發禁運明令等語，是為美方第一次
對本問題重要明切表示，餘呈詳。職江易生叩。

巴黎顧大使來電

民國二十八年十二月六日

重慶外交部，一二九一號，六日。昨晨擬訪美大使，因
其已赴法南休息，故約其參事今晨來談：（一）詢以報
載日外相接見美大使商議商約滿期後臨時辦法，頗有進
步確否，內容如何？是否美因對俄之歐洲政策不滿意欲
接近日本？彼答商約問題尚無結果，所談其他內容尚未
得知，惟悉日本對美確已提出具體建議。（二）關於芬
蘭問題，彼稱美大使意此次蘇聯無端侵攻芬蘭，實為近
國際上最殘忍之舉，國聯應一致將蘇驅逐出會，業已代
轉美總統並向國聯秘書長表示。鈞詢美總統意，彼稱對
俄異常憤懑，完全贊成此議。又詢以報載美將撤回駐蘇
聯大使之說，彼答總統確有此意，惟因現在國內反俄輿
論聲浪甚高，擬俟其一致要求時行之，俾可減輕責任。
並詢我態度及在國聯方針，鈞答政府正在討論，尚未接
訓令，惟以昨告法外次者告之，說明我國處境困難，尤
以俄國予我接濟關係，我國繼續抗戰之重要，如美與英
法能擔任代為接濟此項需要，我可少一顧慮。照目前情
形我於擁護反侵略原則與顧全抗戰實際急需兩者之間，
殊難選擇，美於遠東舉足輕重，深望助我策劃，彼亦以
為然，允即報告美大使。彼又詢謂開出會員既須行政院
全體同意，而中國亦在行政院關係自屬重要云。再胡使
電話。阿政府致電國聯要求開除蘇聯，似係義所授意，

今晨報載阿拉圭亦有同樣要求，且稱否則該國退出國聯云。總之，芬蘭問題直接足以搖動我對蘇、英、法、美之感情，間接影響我國抗戰能力，且與本屆改選行政院均關重要。法、美態度如此堅決，恐四日電所陳宣言辦法亦不足應付，應否即向蘇聯探詢意見並解釋我之困難，一面速電華府密與美國接洽，能否會同英、法設法增加對我接濟，統祈速核奪施行並電示。鈞。

七　蔣委員長致羅斯福總統的函件

（一）民國二十七年一月三十日

　　羅斯福總統閣下：本月二十四日承貴國駐華大使轉到本月十一日復函電文，答復中正去年十二月二十四日去函，捧讀之餘，曷勝欣慰。

　　閣下對於所要請之答詞，熱誠懇摯，深為感激。閣下切望此次戰事能得一解決方法，附以合理條件如來函所述者，實與吾人反抗日本侵略及暴行之血戰所持之主義，正相符合。吾人不特維護本國之權利及國家之完整，抑且保持各關係國之權益。在尊擬之解決辦法中，吾人即對於日本在中國之權利及正當利益，亦將予以相當之維持。

　　茲聞閣下對於增進和平及推進國際合作最有效之各種方法，無時不加注意，至深欣幸。貴國於世界和平與秩序，更於遠東國際之公平及和睦，向居領導之地位。就往事言，遠東如有不穩之情形時，美國無不及時予以有效之援助，至今思之仍感於懷。上世紀末，中國在外交上處最緊急之境遇，而發起各國商務上、實業上平

等機會之原則，以後始終予以維持者，美國也。本世紀
之初，遠東發生戰爭，其居間調停而得結果者，美國總
統之努力也。至華府會議時，太平洋問題得予討論而解
決，其發起及成功皆有賴於美國，此則吾人迄今猶不忘
懷者也。

貴國為偉大之國，對於遠東之和平與融洽，曾有重
大之貢獻，且對於中國政府及國民亦曾層次予以顯著之
援助。美國首先退還一九〇一年美國部份之賠款。美國
大學培植無數之中國青年，既使其獲得有用之學問，
並傳授美國高尚之思想，此種青年回國後，於中國之發
展有莫大之貢獻。美國樂助之國民遇有中國困難急要之
時，輒予無量之救濟。美國財政上之接濟，如棉麥借
款，助我整理建設計劃之成功者，殊非淺鮮。美國政府
首先與中國政府訂立回復中國關稅自主之條約。凡此種
種及其他相類事件，足以證明美國與中國傳統之友誼。

此次遠東大難之應付，各國均盼望美國之合作，誠
以美國政府對於共謀國際和平與安全，向已公認為各國
之前驅。中國鑒於中美間之非常友誼，在此併力奮鬥國
家存亡一髮千鈞之時，其希望美國之援助，尤屬勢所必
然。中正用敢重向閣下要請盡力設法務使日本之侵略，
能得從速終了，俾貴我兩國所確信之主義得以實現。吾
人急迫之願望，則美國即於此時在經濟上及物質上予中
國以援助，俾得繼續抵抗。至其他美國所可採之有效辦
法，足使閣下意想中之最後解決得以實現，則惟閣下之
裁奪。吾人共同主張之國際和平與公道條約之尊嚴，及
有秩序之友好邦交，必能操最後之勝券，此則中正始終

所深信者也。專此布達，祇頌勛綏。

　　　　　　蔣中正　中華民國二十七年一月三十日

（二）民國二十七年三月二十五日

羅斯福總統閣下：

　　上年十二月中旬詹森大使休假返華府時，曾託其呈蕪函，並面達關於遠東局勢之意見。在該函發出後之三個半月中，美國政府對於遠東情形之發展，益形注意與關切，中正殊為感動。同時世界其他部分已連續發生重大事件，此種事件與日本對華之侵略已引起美國輿論之顯著變化，因是對閣下為民主與自由而採行之政策，不啻予以有力的推進。

　　美國嘗以正式公文否認日本創立所謂東亞「新秩序」之荒謬主張，為國際呼聲之創導。美國政府曾指明東亞之變化大都由於日本自身之行動，至為允當。美國又宣稱任何國家無權在不屬於其主權之地域內構成權力之淵藪及命運之主宰，逖聽之餘，欣佩無似。美國對於條約及基於條約之權利義務的不可侵犯原則，不憚嚴詞重申，誠對於侵略者之一嚴屬警告。美國政府此項明白與及時之聲明，已使其他同樣關切之政府對於日本提出類似性質之表示，中正對此極為欣慰。

　　閣下公開言論每嚴斥侵略行為，主張維護民主及國際信義，態度堅強，始終不渝，遙聆偉論，輒為神往。本年一月上旬閣下對貴國國會所致演詞中，謂美國至少可以並應該避免任何行為或不行為，而致有鼓勵、助長、或造成侵略者之情事。中正聞之尤為動容。誠如閣

下所指明，某種法案原為應付兩國間某種事態而設，乃於實施時與立法者之初衷相反，在實際上竟助長侵略者而對被侵略者不予援助，未免有失平允。在閣下倡導之下，深信攻擊者與防衛者必可加以區別，藉以消弭一種可能，即於無意中對於侵略者予有利之待遇。

回憶去年十一月間閣下曾向中正保證，謂閣下對美國財政家與中國代表所舉行之談判，當予以極端慎重與同情之考量。此事果於本年二月八日成立協定，對環球貿易公司給與商業信用貸款，總數至二千五百萬美金之鉅。日本現正癡想使中國於其軍事征服之後處於其經濟控制之下，上項財政上之援助，適於此時得之，除對中國予以鉅大之物質助益之外，其在道義上，從各方觀察亦發生最有利之影響，蓋此事增加吾國人民之勇氣與信念，使其他國家予吾人以類似之援助。抑更有甚者，又向日本確證以下之明顯事實，即美國決不放棄中國為國際社會之一協同份子。余藉此機會表示吾人在此中國民族危機之中，對於閣下及美國人民之謝忱。

國際之無法紀已不復限於東亞一隅，因群力之不加阻制與抵抗而竟蔓延無止境，恍如吞噬弱者而脫然無慮之傳染病。一侵略行動可激勵並產生其他之侵略行動。世界一部分之法律與秩序如被推翻，必引起在其他部分之類似動作的企圖。如在一九三一年日本侵略東北之時，各國協調行動予以有效制止，則以後不祇在中國並在世界其他部分之局勢早已易轍更途，而人類當亦不致如今日之生活於畏懼、痛苦與失望之中。

日本之繼續在華軍事侵略，與在歐洲孕育世界大禍

緊迫危機之發展，似對美國未來人民思想之傾向已供給一新背景。其結果，為閣下將能以更大之效力與成就，繼續進行其保障民主及國際信義之政策。一切愛好和平之民族現方虔誠禱祝，咸願美國居於領導地位以重建國際和平與秩序，而挽救世界文化於整個毀滅之中；而中國之所最切望者，則為美國之致力於此項事業，首將促省日本提早全然恍悟其放棄在華冒險行動之必要與得計；蓋當遠東氣象清明之時，現在歐洲上空浮動之陰霾亦將隨之而消散也。由以此觀，國際關係究將恢復常態抑或命定將永受殘暴勢力之支配，端賴美國與其偉大賢能領袖之崇高的努力也。

（三）民國二十七年十月十五日

自前此馳書於閣下迄今已八月有半。此數月中，日本對華之侵略不獨未嘗稍減，抑且逐步進展，有加無已。日軍初則越長城而侵入黃河流域，繼則蹂躪揚子江流域，今且向華南開始進攻，兇焰所至，襲擊擄掠，城市夷為丘墟。侵略者復目無法紀，絕滅人道，致令本國男女老幼，死於日軍之手或成為終身殘廢者，不可勝計。人煙稠密之城市，雖遠離前線，亦無時不遭日本空軍投彈轟炸，即民用之交通工具，亦不獲免。且日軍遇有中國軍隊堅強抵抗時，最後輒使用毒氣。當此戰事漸趨擴大，日方雖漸知其困難日增，然決使用其所有力量，以期完全征服中國而後已，實屬顯然之事。

中國人民雖因日方以最新式之武器施行其中世紀之破壞主義，而遭受空前之浩劫，然猶顯示足資矜式之毅

力，而始終保持盛旺之士氣。此固由於中國人民愈益堅
信公理終將戰勝強權，抑亦閣下及貴國人民對吾人所予
之精神上援助有以致之也。

閣下公開發表之言論以及私人之保證，咸使吾人深
信閣下對於吾人具有重大意義之奮鬥，所抱之觀感，與
吾人自身所抱者完全相同。吾人戰勝日本，則國際間之
法律與秩序均將恢復，否則太平洋全局之和平與安全將
遭整個之破壞，而所有美國及其他愛好和平國家，所擁
護關於國際關係之原則，亦必摧殘無遺矣。因鑒於上述
情形，故閣下曾向侵略者一再提出警告，而對被侵略者
表示深切之同情，此乃毫無疑義者也。鼓勵之言詞與物
質之協助，如白銀之購買，惠然併至，凡此種種，對於
中國人民之艱難困苦，慰藉良多，而中國人民深覺在此
患難之時，至少美國總統可引為我之摯友。

鄙人茲代表中國無數流血之人民對閣下為吾人致力
之一切措施，再向閣下表示謝意。同時並代表此流血之
人民，願再聲請閣下惠予吾人更大之援助，俾中國抵抗
日本侵略，得告成功。吾人因急需抗戰之資力，自渴望
美國予以此項財政上與經濟上之援助，俾能繼續奮鬥，
以達最後之成功。如予以相當鉅額之貸款，則吾國人民
之信心將愈見壯勵，而吾人抵抗日方之攻擊，亦必獲有
更大之實力與效果。因此，現在美國進行中之商議，鄙
人深願賴閣下之助而得早告成。舉凡閣下之措施，一方
足以增加中國之實力，他方足以喚醒日本，俾恍然於其
現行之政策之謬誤，藉以迅速恢復遠東之和平，鄙人自
必竭誠感謝，此固無待贅言者也。

（四）民國二十八年三月廿二日

羅斯福總統閣下接奉四月十八日大札，承裁答中正三月二十五日蕪函，並對中正曩者為和平與正義而發之言論表示贊許，深為感荷。

茲特派遣顏惠慶博士前來華府，晉謁閣下，並代表中正與閣下交換關於遠東現勢之意見，並請其遞陳此函，藉申鄙意，以供閣下之考慮，諒荷贊同，顏博士素為貴國所稔知，深信閣下當能以適合於中正個人代表及前往中國駐美外交代表身分之儀式惠予接待。

日本經過兩年之對華殘暴，其征服中國之企圖已告失敗，遂鋌而走險，愈趨蠻橫，日本軍人早獲勝利之希望既已全被粉碎，故對其所受之損失及該國經濟財政之組織漸趨脆弱之情形，已不能向國內厭戰人民自圓其說。日本軍人對於不屈服之中國，既不能予以慘重之打擊，於是轉而仇視關係各國，蓋彼等以為各國之憎惡侵略與夫同情被侵略者，實足以阻礙其所預期之成功也。日本目前心理充滿失望與怨懟，已於其企圖推翻門戶開放政策，排除民主國家在遠東之一切權益，以及控制全部太平洋各項行動中暴露無遺，是以中日糾紛現已進入新階段，即自茲以往，其不僅關係中國而實關係全文明世界，益為顯著。

本年一月四日，閣下在貴國國會中所發表之演詞有云：「足以使侵略國感覺美國人民普遍情緒之辦法實有多種，此種辦法雖非戰爭，然實較空言強硬而有效。」深信閣下暨貴國政府對於上述辦法必已計慮及之而詳加

檢討矣。竊以為或有數種辦法具有特殊效力，而可使目前糾紛迅行中止。

蓋日本所懼者，厥惟以有效之工具，堅持遵守條約上之權利與義務，良以關係各國僅以言辭表示不滿，則日本對於此項權利與義務，認為儘可漠視無睹。茲者美國所可採用之有效工具自包括下列諸事，即絕對禁運軍用材料及器具與日本，尤以鋼鐵與煤油為最，要禁止日本重要物產之輸入，增加日本物產進口稅率，一如對德國物產進口稅率之辦法，禁止日本船隻駛入若干商港，以及其他類似性質之辦法。此外，固有其他較為強硬而有效之工具。但此種經濟報復辦法既與國際公法相吻合，且想亦為美國國內法所容許，足使日本軍人重視美國之輿論而不能加以蔑視矣。

此種辦法將有弱化日本戰鬥力及其一般經濟狀況之影響，最後必可迫其採取唯一安全之途徑，即對於在會議席上解決關於中國及其他關係國家一切問題之辦法予以同意。彼時美國當可以九國公約關係，或以其促進和平國家之公認地位召集一會議，俾參加各國得以自由談判程序，尋求基於理智與正義之解決。故報復辦法乃達到目的之一種手段，此項目的乃一切愛好和平國家所希望，而亦終必為侵略國家所接受者。

以會議終止今日之糾紛，或尚可以他種方式促成之，美國政府可先邀請主要關係國家，在華盛頓或他處舉行會議，如日本拒絕參加，則美國政府更有正當理由，以上述辦法加諸此種頑抗之國家，此種辦法縱僅經過短時期之流行，必將使日本幡然省悟而，最後，必當

促其接受舉行會議之建議。

同時世界主要國家如有召集會議，討論共同有關之經濟、軍事或其他問題之舉，中國政府希望遠東現勢亦將同時提出討論，俾以共同行動，恢復和平。

中國已屢受美國道義援助及商業貸款式的財政援助之利益，現仍以最誠懇態度期待美國政府及財政界繼續予以物質上協助，值此日本正以百計破壞中國幣制及經濟組織之時，美國如能假以多量款項，其對我之價值將不可以道里計。又美國如能於適合現在非常情勢之特殊條件下，供給某種防禦利器，中國政府自亦欣感不置。

召集會議以解決目前之流血慘劇，對破壞條約國家實施報復辦法以為達到目的之一種手段，繼續援助因維護國際法律秩序及其自身生存而奮鬥之國家，與其他非戰爭而可以獲得和平之一切方法，諒必與美國法律及美國人民之現有輿論相符合。中正更敢企望者，此種方法當均在可予實行範圍之內。

日本縱屬頑強狂妄，縱欲鋌而走險，而美國之威望實力與資源，已足使美方之態度與行動構成日本所必須顧慮之因素，吾人確信美國艦隊之由大西洋調駐太平洋，已使日本對於其前途加以深長及慎重之思慮。日本現在所尊重之唯一國家厥為美國，美國之警告，日本決不能充耳不聞。

閣下既為如此偉大國家之元首，則一切遠東問題並及其他世界問題，其解決之樞紐，實在閣下掌握中也。

第五節　英國態度

一　王部長與英許閣森大使談話紀錄

民國二十六年七月十七日

二十六年七月十五日下午四時三十分，王部長在官舍見甫由威海衛乘坐軍艦來京之英大使許閣森。

許閣森大使略謂：彼推測日本並不欲擴大事態至成為全面戰爭，但如情形迫不得已，亦祇得擴大。同時彼相信中國亦無擴大之意。故依照彼觀察，雙方似均不欲擴大事態而使其成為全國的局面。據彼個人觀察，中日如果開戰，在初時中國或可稍勝，但最後必歸失敗。彼知現在中國軍隊已大批調動，已有開入河北省境內者，日方指為違背「何梅協定」。

王部長略謂：我方本無擴大事態之意，仍願用和平方法得一解決。至所謂何梅協定，其內容言人人殊，因是解釋上亦有種種之不同。現日方大調軍隊入河北，我方為防衛上必要之措施，自極正當。

許閣森大使續謂：「英國駐東京代辦已奉倫敦訓令，勸告日本政府處以和緩。茲余奉令詢問閣下：貴國調動軍隊，是否專為預防起見，並無攻擊之意？希望得一確實保證。此項保證，非外交的而係確實的。」

王外長答以：「余知吾方軍隊之調動，僅為防衛抵抗，而非為攻擊。但事關軍事，在確實答復前，須商諸最高軍事當局。」遂約定同日九時再在官舍會晤。

七月十五日下午六時三十分，徐次長與牯嶺錢主任大鈞通電話，轉告上述談話各節，請蔣委員長立予

示復。

同日下午七時三十五分，錢主任將蔣委員長手批逐字讀出如下：「答復英大使，我軍為日本關東軍運入天津豐臺作大規模之戰爭，故不能不運兵預防，但專為自衛而非攻擊。總之，中國軍隊專為應戰，而非如日軍之侵略與求戰，此可為貴大使負責聲明也。」

同日下午九時，王部長又在官舍接見許閣森大使，交以蔣委員長開示聲明之英文譯文（附本件）。

許閣森大使謂中國方面之聲明，確如彼所預期者。不過，其措詞似為日人所不願聞。彼不便將原文逕電東京，擬將此聲明先電倫敦。王部長詢問可否定一日期，雙方停止軍隊調動，將前方軍隊撤回原防，彼謂今日到京後，已見過日本大使館日高參事。據日高稱，日方並無擴大事態之意，詢以如雙方軍隊同時撤回原防，日方是否同意。日高答稱，據彼個人意見，日方可以同意，但此語不能代表政府，惟對於中國政府能否指揮宋哲元軍隊撤回原防，深表疑慮云云。

王部長謂我中央當然可以指揮宋哲元之部隊，對於許閣森大使之提議，表示大致同意。

許閣森大使遂即席草擬一致英外部之電稿（此時徐次長入座），逐句商詢王部長。經王部長同意後定稿，約次日將電稿抄送本部一份。

七月十六日上午九時，接到英大使館送來拍發英外部電之抄本（附本件）。徐次長當將該電譯漢後，於同日下午十二時四十五分，用電話逐字告知牯嶺錢主任（附本件）。

七月十七日下午十二時半,許閣森大使在官舍訪問王部長,略稱彼十五日夜將雙方撤軍辦法電達倫敦後,茲接政府訓令,謂調解須經雙方同意,如將所擬方案由英方向日本提出,恐難接受。不如仍由中國向日逕提為愈。王部長告以我方已經屢次提過,而日方不理,如由第三國斡旋或可成功。許閣森大使謂中國再度一試,似無害。

七月十七日下午五時,許閣森大使來部訪晤徐次長,詢問本日路透電所傳蘆事解決五條件,是否確實。徐次長答以除路透電訊外毫無所聞。徐次長謂英國放棄調停,我人殊覺失望,現在局勢依然緊張,英政府為關懷遠東和平並維持英國權益起見,此時似應對於華北局勢,發表正式聲明,俾世界各國可明悉英國態度等語。許閣森大使謂,彼止可將此意電達政府。徐次長最後仍請英國盡力協助,許閣森大使答謂,英政府力之所及,無不樂為之。

二 蔣院長與英許閣森大使談話紀錄

蔣院長於二十六年七月二十一日下午五時接見英大使許閣森,外交部徐次長亦在座。許略謂:中國此時一面固不能接受日方任何無理條件,一面似亦不宜與日方積極衝突,致受莫大之犧牲。倘日方要求之解決,祇限於如近日傳聞之數點,即道歉懲罰,蘆溝橋不駐兵,由保安隊接防及取締排日防共等,中國似尚可接受。院長答以倘僅限於此數項,而並無其他所謂細目,我方非不可考慮為適當之解決。但吾人對於日人無信用,最好請

許大使為中間保證。許謂，英政府深覺調解甚為困難，因調解須經雙方同意，而現在日方無意接受。院長謂現在局勢，祇有英、美努力從中設法，或可變為和緩，而東亞和平亦可維持。請許大使即電政府，許答當照辦。

二十六年七月二十四日，英大使許閣森請謁蔣院長，院長於是日五時接見。外交部徐次長及英大使館參事包克本亦在座。

許閣森大使首謂二十一日與院長談話後，當即將院長表示之意，轉電政府。茲接政府復電，略告近日英政府已經努力實行之事。許遂誦讀其所接訓令概要如下：七月二十一日孔部長與中國大使訪晤外相。外相將英政府已經辦理之事，約略告孔等，並請彼注意關於英日擬議中之談判，答復下議院質問一節。（對於該項質問之答復，為「在華北目前局勢之下，英政府所盼望之談判，欲予舉行似非其時。外相艾登並已告日本大使，此係英政府之意見」云云。）

外相艾登告孔部長，彼知美外長赫爾適於是日下午，在華盛頓接見中日兩國大使，正以美國重視和平，並對遠東和平之維持，尤為關懷等語，面告兩大使。艾登謂彼擬於是日晚間，接見日本大使時，以同樣語氣告之。

艾登嗣晤日本大使，告以近閱接自日本之報告，頗為關心。英政府重視和平解決。請該大使轉告日政府，為日本自己及遠東全局之利益，務必用全力自予節制。艾登又謂彼恐東京認為中國之抵抗僅限於口頭，如此看法實屬錯誤。彼深知中國極願和平，但蔣委員長之忍

耐，有一限度，過此限度，不能再忍等語。艾登又請日本大使注意，政府對下議院如上述答復之詞。日本大使謂彼了解艾登所云，當即向政府為詳細之報告。」

許大使讀畢後，謂截至現在英政府認為可辦之事均已辦理。

院長表示感謝，詢許東京方面有無消息。許謂消息不多，但觀察現在局勢，似稍和緩，日本內地所派軍隊並未開至天津，空氣似較前數日略有進步等語。院長告以我方所得消息，日本仍在大調軍隊，其機械化部分軍隊及大批飛機已開入中國。尚有大批軍隊已在大連、釜山集中，隨時可來華，形勢頗為嚴重。許大使表示懷疑。詢關於當地解決一節，宋哲元有無報告。

院長囑徐次長將來往電文約略述告許大使，徐次長遂將宋請示與日方擬定之三條，簡單說明，並告以院長復以如未簽字尚有改正之處，如已簽字中央可同意。但此語現在尚須絕對秘密，因日方尚未知悉，許大使謂彼頗了解。

院長重述自本月二十二日起日方準備大舉之意，並謂一星期內日方或將向宋哲元與中央提出吾方不能接受之條件，而條件之提出，必突如其來。恐取「最後通牒」之形式。吾方對於宋哲元請示之三點可予同意，實已達到最後限度，日方如再提出其他條件，我方必予拒絕，彼時戰爭必不能免。現在惟有請英、美兩國從速努力防患於未然，以免戰禍。許大使聞此，頗為動容。訊此項消息是否係一種憂慮，抑有事實根據，院長答以確有事實根據。許謂當立即電陳政府云。

三　與英國商洽情形

倫敦郭大使來電

民國二十六年七月十三日

南京外交部。三七六號，十二日。頃晤賈德幹，據告今晨曾與艾登商談蘆溝橋事件，祇以詳情不明，尚未議及應付方法。祺當將大部各電，詳為說明經過情形及此事件之嚴重意義，請英政府深切注意，勿為日方所愚，並告我方如萬不得已，已具最大決心與之周旋，彼為動容。彼頗以我方消息過少為惜，料此次事件大約係駐屯軍主動，當非 Konoye 本意，但亦認結果並無二致。表示我國向國聯申訴，彼謂自無不可，惟不幸國聯太不健全，恐無補事實。祺問由英、美向日本勸告，出面調解如何，彼似以此辦法較為有望，但答首須與美商洽審慎從事，當與外相商酌明日再告。祺謂時機緊迫，請速圖之。彼謂，英政府當詳細考量，決不忽視，餘俟明午晤外相後續陳。再五○四、五○五等電，係於星期五夜，星期六晨收到。艾登、賈德幹離部他去，故不及提前晤洽。祺。

附註：五○四號去電，係奉院長電對英美外交宜採積極態度，再蘆溝橋事件密向英外部說明由。五○五號去電，係述日方蓄意挑釁行為及我方之決心對付，仰向駐在國政府剴切說明由，電報科謹註。

倫敦郭大使來電

民國二十六年七月二十六日

南京外交部。三九○號，二十六日。五二八至五三二號

電，均敬悉。今晨訪艾登，遵轉蔣院長意旨，彼亦認我
方讓步已達最後限度，允訓令其駐日代辦，相機勸阻日
方，勿再提要求，並繼續與美政府商洽，冀弭戰禍。至
蔣院長與英大使二十四日談話經過，據艾登云，尚未接
到報告。再英報頃已登載日軍在廊房已向我軍轟炸，並
限我軍於後日退出北平等訊，似此戰端已啟，英美斡旋
恐更不易。頃與少川兄商談，我方似可要求請召集九國
公約簽字國會議，如何？乞裁奪。祺。

附註：五二八去電，係宋電委座與日簽定三項由。
五二九去電，係擬請三國政府設法預阻日方行動，並勸
其同時撤退由。五三〇去電，係滬日陸戰隊出動以一水
兵失蹤搜查行人由。五三一去電，係預阻日方乘機大舉
事。五三二去電，係蘆案部致該館五二八號，及以下各
電仰抄送孔部長、顧大使參閱由，電報科謹註。

倫敦郭大使來電

民國二十六年九月八日

南京外交部。四一三號，七日。五八二號電敬悉。頃詢
Cadogan，據云，就近來美國政府態度而言，恐其不肯
參加此項海軍示威舉動，如美國願意，英國亦願參加，
但英國僅能調遣一部份海軍，其大部份須留駐地中海一
帶。美國則可全力集中太平洋。彼又謂不僅示威，如能
採取有效之共同行動，以此維護其權益，英方亦願參加
云。關於 Blockade 一節，祺謂我國此後軍火輸入將惟
香港是賴，故香港關係戰爭前途頗巨，如有被封鎖危
險，英方將如何，彼答將視為一嚴重問題。旋祺與彼及

英外部法學專家談，我如向國聯提訴問題，彼等謂如引用十六、十七等，是中國與各會員國正式承認中日已入戰爭狀態，恐一則使日本實行其交戰團體權利，封鎖香港，檢查第三國商船，二則使美政府不能不施行其中立法案，此（似有遺漏）詳加考慮。祺謂凡國聯會員國對侵略者不能守中立，故當然不能承認其有交戰團體權利。英法律家謂，當義阿戰爭，各會員國對此點頗有承認或不承認之自由，現日本係非會員國，將來是否須有大會一致之決議始不能承認，尚一問題云。特轉達。郭泰祺。

附註：五八二號去電——英美海軍合作事希探英方態度由，電報科謹註。

東京大使館來電

民國二十六年十月二十三日

南京外交部。一四七六號，廿三日。英使館息：英對滬航空武官被日機射擊事，提嚴重抗議，要求正式謝罪及懲罰，明日應可得覆。預料日方不肯允諾，但此後英國態度必甚堅持，因英國現已取得圓滿聯絡，無論日本參加九國會議與否，英國必可藉會議使各國採取共同行動也。大使館。

雪梨總領館來電

民國二十六年十一月一日

南京外交部。一日，一三〇號。十月廿九日全澳工商聯合總會議決，全澳一致抵制日貨，並請政府禁止廢鐵運

往日本，惟澳總理認為此舉似欠酌酌，中日問題力主調解。總領館。

倫敦郭大使來電

民國二十六年十二月一日

外交部。四七四號，三十日。英、法首相外長連日會商結果，雙方均表示滿意，對遠東時局甚重視，主張協同美國予以深切注意，對德國恢復大部分舊有非洲殖民地之要求，允予好意商討。但須與一般和平問題同時解決，在未解決前可予德國取得原來之便利。德國對奧、捷兩國問題謂，由該三國直接解決，無庸其他國家干預，英、法於此點不能贊同。又聞德國以取消盟約十六為返國聯條件，倫敦、巴黎軸心經此次會商後益形堅固，德國反響，聞亦不壞，歐局似可望趨和緩。祺。

倫敦郭大使來電

民國二十七年三月十日

漢口外交部。三十六號，十日。日方對英態度轉好，意欲得財政援助，近迭向英官商方面接洽，承認在滿洲閉門政策之錯誤，表示願與英方合作，發展華北各種實業，但英方知日本欲藉外資，以鞏固其在華北地位，終必被排，故不為所惑。再英政府雖趨重現實，但關於遠東問題甚注意美方意見，當不至與日謀妥協。祺。

武昌陳布雷來電

民國二十七年九月十三日

特急。重慶外交部。王部長勛鑒：密。今晨英代辦謁委座探詢我方在原則上，能否同意設立漢口安全區，並面呈日方建議條款殊苛刻。委座答復要點：（一）從事實上言，凡有華軍駐守之處，乃為安全區。（二）漢口問題為中國問題之一部份，中國問題又為遠東問題之一部份，不可分割。（三）除非中國境內，日軍全部撤退，決無安全之道。（四）中國之抗戰，自衛亦衛盟約，英法既同為會員國，應澈底與中國合作，驅逐此人類公敵。（五）日軍從未信守諾言，即使設立安全區，亦不過助益日軍之暴行。（六）此種無理條款，英方根本不應為之轉遞。委座一再申明，所言僅個人感想，非以委員長地位而發言，我政府之態度當有外交部或地方當局表示，最後切囑英代辦將（二）、（三）兩點特別轉致英使注意。茲轉將談話經過，奉諭電達，以供察洽。原建議譯件明日航快另寄，弟陳布雷叩，元。

外交部電倫敦巴黎華盛頓大使館

民國二十七年十一月二十三日

Sinoembassy London 907、Paris 858、Washington, D.C 1213 號，此次英使來渝，迭與各要人會談，知我方對英方現政策頗為不滿，同時又切望其有所動作。部長向英使提四事：（一）借款。（二）以條約立場，正式宣示英方擁護遠東權益之決心，並請以美政府十月六日照會為最低限度之參考。（三）對日報復。（四）實行國

聯決議，包括制裁，英使個人表示極度同情，已將此間
意見盡量電陳政府。特洽。外交部。

倫敦郭大使來電

民國二十七年十二月九日

重慶外交部。六○二號，九日。英政府昨在（似脫漏上
議院三字）提出出口擔保法案，將原定五千萬鎊額數增
加至七千五百萬，並授權商部可因特殊政治理由，不經
顧問委員會通過，酌量支配，以一千萬鎊為限，較現行
法有伸縮。按出口擔保辦法，格於商業性質，我方不能
受其實惠。祺已迭向英方陳說並電陳。迨載重汽車事被
否決，英方亦深感為難，經此次修正後運用應較便易。
祺昨日已與 Leithross 及東方司長商洽，請以此一千萬
鎊全數或大部分歸我國運用。彼等謂，請求此款之國家
甚多，中國至多恐祇能望得二、三百萬，因此款實另有
作用（指援助英商在中歐等處，與受有津貼之德商競
爭）。祺謂我國至少應得其半，頃已將汽車、鐵路、電
信、材料、顏料、造紙、機器、軍用電話等六項開單送
往英方，約需四百餘萬鎊。再英方對我雖有助我誠意，
仍無政治決心，Plymouth 在貴族院及 Butler 在下議院
聲言所持條約立場固較前明顯進步，但英方非得美國合
作，仍不敢開罪日本，與之衝突，因其覺歐亞不能兼
顧，且兩次聲言不出於首相、外相，亦美中不足，故我
方尚難期其痛快援助也。祺。

外交部電倫敦大使館

民國二十八年一月四日

Sinoembassy London，944 號，英對中日問題歷次宣稱，願與美合作，而美政府十月六日致日照會發表後，英方並無響應，現美政府又於上月三十日對日去文，除堅持其權益與機會均等外，並否認日方主張之新秩序，而表示願與有關係國共同商討。此照措詞在消極、積極方面均有主張，英方想必完全同意，我方深望英方對日去一同樣文件，就其在遠東利益之價值言，超過美國數倍，理由更較充分，立論愈應堅強，希密洽促成。又關於報復行動，英美已接洽至何程度，我方對具體行動尤重視於文字，極盼從速並行實現，望併催詢，外交部。

倫敦郭大使來電

民國二十八年一月七日

重慶外交部，六二五號，七日。平沼內閣英政府反響，已詳六百二十三號電。連日英國輿論均認為新閣有法西斯蒂傾向，軍人權勢益加，對內對外尤其對華措施將更趨緊張，同時足表現其情急勢迫，但因美總統演說及歐洲各問題，致對日內閣改組消息欠重視，均登次要地位。祺昨詢賈德幹，此次赴義擬談遠東問題否？彼謂，若義方不提及英，擬不與討論，因義遠東實無重大關係云。祺。

附註：六二三來電——開度幹言對日牒文數日內或可照辦等由，電報科謹註。

紐約張彭春來電

民國二十八年七月二十八日

重慶外交部。（一）美政府取消美日商約消息發表後，不參加侵略委員會立即聯絡各和平組織，電請各地有關團體及人士，致電總統及國務卿賀其採取之步驟，並促其繼續主持正義。（二）現正與 Price, Loup 舉辦下六個月各方活動大綱及步驟。彭離美後關於此項工作由于竣吉兄秘密與彼等接洽電部。（三）美國現既有動作，英國能否採取同樣步驟或他種積極表示，係似目前極應注意問題。彭定七月三十日早飛英，三十一日下午抵倫敦參加活動，勉盡棉薄，是則可於英國國會閉會前四日趕到進行接洽。請將此電轉呈總座及庸、岳兩公，彭春，二十七日。

外交部電駐英大使館

民國二十八年八月二十六日

一一三四號電，德蘇結合，日本極為惶恐，此後對歐局取何政策尚難預知。惟日德自此分離，在英法觀察，未始不能稍補失去蘇聯之創痕。倘歐戰發動，日本利用時機拉攏英國而以不助我抗戰為條件，則英方是否遷就，抑或堅決拒絕而寧願其遠東利益之暫時被奪，殊為我方今日最關心之問題。觀乎近日香港軍事準備，英似確有抗敵意，然我方深慮者日將對英威脅利誘，而英以歐局牽制或竟墮其彀中，務希與英政府密談，請其無論如何勿犧牲中國而與日本謀妥協。關於香港之防禦，如有需我協助之處亦盼立即協商，我自當盡力而行。外交部。

外交部電駐英大使館

民國二十八年八月二十七日

一一三六號電，一一三四號電計達。日果已對英變更政策，香港、上海可免劫難，英必為之感動。我方切望英勿因是改變其對華政策，我之抗日與英之決心抗德同為抵禦侵略。英若一面抗德，一面袒日，顯屬矛盾。且最後於英仍不利，務希向英政府懇切說明，得其對我不變政策之保證。再關稅將收偽幣事，已由孔院長逕電，此即英日漸趨妥協之明證，須力促英方覺悟。外交部。

倫敦郭大使來電

民國二十九年一月九日

重慶外交部。九四九號，九日。Times 昨今兩日連載，東京特派員電信謂，東京方面已核准在華日軍與汪約定之議和條件。日內閣已發表正式聲明稱，此項條件係根據一九三八年十一月三日日政府宣言，及同年十二月二十二日近衛宣言。該報復稱，日方謂汪去年訪日後，一方面與在華日軍談判，一方面曾諮詢中國軍事、政治及財政界之意見，並與重慶國民政府亦維持間接之聯絡云云。似應予以闢斥，免淆國際視聽，如何？乞核奪。祺。

倫敦郭大使來電

民國二十九年三月十八日

重慶外交部，九九一號，十八日。並轉呈總裁鈞鑒：昨邱吉爾邀午餐，據告英方雖極欲避免與日衝突，但決不犧牲中國，不理會所謂汪政權，且以芬蘭之 Kusinen 比汪，深加鄙棄，並以未能積極援華為憾。但仍當相機效力。對蘇芬和平深以芬蘭受屈為惜，但認可減少英俄短期間之敵對之危險，兩國關係甚至有改善可能，彼固始終不主與俄作戰。對歐戰以為最後勝利必屬英法，但須得第三年期內，始有解決把握。彼敦囑代向總裁致敬。祺。

第六節　中國與法蘇兩國相洽情形

一　與蘇聯商洽情形

蔣大使自莫斯科來電

民國二十六年七月十五日

第一〇八四號。昨日晤蘇俄外長李維諾夫，告以蘆溝橋事件原委，以及日方行動之動機後，探詢蘇俄對此事之態度。李答：蘇俄政府深悉日方侵略行為，對中國深表同情。其他國家向中日雙方勸告維持和平，實係規避。蔣大使詢李氏：倘中國請蘇俄出任調停，蘇俄願單獨擔任抑或聯合他國為之？李答：鑒於日蘇關係，單獨出任調停顯不可能，至於與他國聯合行動一節，願加考慮，但須俟請示政府後方能答復。蔣大使嗣詢以倘中國根據盟約第十七條訴諸國聯，蘇俄是否援助中國？李答：蘇聯願助中國，但此事關鍵在於英國，以是中國在訴諸國聯之前，必須商得英方援助。李氏續稱：據東京方面消息，日本並未宣戰，日商反對戰爭，而東京政府則以為大規模戰爭之準備，已足使中國屈服。蔣大使當指明，鑒於中國抗日情緒之緊張，則日本之技倆實屬危險。李氏承認此種危險，但稱中國對鮑格莫洛夫之建議淡然處之，已鑄成大錯，使中蘇關係密切則日本將有所顧忌。蔣大使於是促其表示，一旦大戰爆發蘇俄之態度如何？李氏答稱，非俟與其政府當局縝密考慮，渠自身不能負責所有聲明。蔣大使以為就上述談話情形，蘇俄之態度顯而易見，即各國聯合出任調停，與其有蘇俄參加，無寧無之而較有效果，蘇俄對我實際之援助決不可靠，因

最近黑龍江中島嶼糾紛，實因蘇俄之讓步而解決也。蔣
廷黻叩。

新西比利亞商務組來電

民國二十六年七月二十一日

南京外交部國際司轉。元電敬悉。蘆溝橋事件發生以
來，蘇聯態度頗為鎮靜。輿論謂日本占領滿洲，企圖侵
略華北，以時機未熟，未敢遽予發動。近因德日、英日
締結協定，遂促成日本實現鯨吞野心。商務組叩。
此電已轉軍委會、參謀部錢主任、何部長。

蔣院長接見法大使那齊雅

民國二十六年七月二十七日

二十六年七月二十七日下午五時，蔣院長接見法大使那
齊雅，詢以法政府對於時局之意見。那大使答稱法方異
常關懷，早經聯絡英美出任周旋，惟美方似不願採取聯
合行動，致各國祇得分頭向日方單獨勸告。院長表示感
謝，並謂中國第一步將對日本絕交，第二步宣布自衛。
中國對於蘇聯態度之冷淡，甚為失望，即華人中向主聯
俄者，亦莫不認為憤恨。若日本制服中國後，蘇聯必繼
續為日本侵略之目標。現在蘇聯既袖手旁觀，將來中國
亦必取同樣態度，可否請法政府設法忠告蘇聯。那大使
謂蘇聯或因清黨之故，政局不穩，現在師丹林之地位究
竟是否較前低落，抑愈為鞏固，實係疑問。院長所云一
節，當即轉電政府核辦云云。

莫斯科大使館來電

民國二十六年七月二十九日

南京外交部。一〇九九號，廿九日。今日消息報登載 Maximoff 論文，標題為蔣中正氏之三演說。謂兩年來南京政策之轉變，可於蔣氏之三演說中窺其一斑。廿四年五全大會開會時，蔣氏第一次演說宣稱：和平如有一線希望，吾人絕不放棄和平，犧牲不到最後關頭，吾人絕不輕言犧牲。此時南京政策對內主張剿共，對外實施妥協，是以有塘沽、上海、何梅、張北等協定。此種論調徒利日人及中國之各種反動份子而已。廿五年七月二中全會開會時，蔣氏第二第一次宣稱他國如破壞中國之領土完整，則中國不能再行忍受，條約若有損於主權，則必斷然拒絕簽訂。此種論調較前雖稍進步，然標準純屬消極，對於積極衛土方法曾未道及，足證此時反動勢力仍相當強烈。頃間牯嶺開會議，蔣氏第三次第一次宣稱：防衛蘆橋即係全體民族生存問題，並提出具體條件四項。此係蔣氏首次表示，如再予敵人以寸土，即不啻對國家犯不赦之罪，即具體條件之標明。此亦係首次剿共工作停止後，南京政府對於全國輿論之重視顯有進步云。謹聞。大使館。

莫斯科大使館來電

民國二十六年七月三十日

南京外交部。一一〇〇號，卅日，今日真理登載 Minageff 長評，略稱十九路軍滬戰，足證護國者，民必護之；綏戰證明華軍不僅能衛土捍敵，且能反攻制勝。今日華北

係抗戰第三階段，日華軍隊之數量及軍備強弱有天淵之
別，而華軍卒克通州等地。然華人絕少自驕，深知來日
大難，局部挫折或所不免，沉著應付，準備長期鬥爭與
重大犧牲，雖暫失數城數省，亦不稍折抵抗決心。日軍
後方義勇軍迭起，則其軍力財力皆將預斷，戰事持久，
曩者軍心渙散，日閥輕舉妄動，初未料及彼所深畏之
持久大戰也，最後優勢必屬華方云。謹聞。大使館。

伯利（蘇聯）總領館來電

民國二十六年八月五日

南京外交部。第一八三號，四日。（一）此間民眾對於
天津日軍化裝率領白黨，襲擊該地蘇聯領館，劫奪財
物，極為憤慨，均謂應由日本政府負完全責任。（二）
今日本地報載一文，大意謂：往年日軍對華戰爭雖屢見
勝利，惟近年中國已隨時代進步，全國統一，民氣激
昂，如十九路軍滬戰之勇猛，綏遠抗戰之勝利。此次
二十九軍之堅強不屈，現雖退出平津，而戰爭並未即此
終止，今後中國全力抗日，日帝未可樂觀等語，謹電
聞。錢家棟。

外交部電莫斯科大使館

民國二十六年十月二十二日

中國對日抗戰，不獨為中國自身之存亡關鍵，同時亦為
蘇聯謀安全，且與整個遠東安危有密切關係，此當為蘇
聯所深知。故我方自始即希望中、蘇兩國共同抵抗日本
侵略，以維東亞和平。三月以來，我方盡全國力量，浴

血掙扎，已為世人所共見共聞，蘇聯與我雖多同情並時
許協助，而其最後動向，究屬若何？迄未明悉。我方實
力究非無限，長期抵抗固早具決心，而單獨應戰日久，
將愈感困難，現在九國公約會議即將舉行，蘇聯亦已邀
請參加，其必將如在國聯之助我，自不待言。惟蘇聯對
日之軍事政策與我方對於各國調解之因應，有極密切之
關係。我方此時亟欲明悉蘇聯之真正態度，以便應付此
次會議並決定以後進行之策略。仰迅與李外長懇切商
談，探明蘇聯政府之方針，詳細電復。外交部。

二 與法國商洽情形

巴黎顧維鈞來電

off民國二十六年七月十三日

南京外交部。四一一號，十三日。極密。頃訪晤法外
長，告以日方在華北挑戰情形，遣兵調將意圖佔領華
北，連日對我駐軍攻擊形勢嚴重，我方決心全力抗衛，
一面籌劃援引盟約第十七條訴諸國聯，詢以法政府能否
贊助。渠言形勢確屬嚴重，貴國決心抵抗侵略實屬當
然。昨日日代辦來訪，面交節略，敘述日方理由，言畢
將該節略交鈞一閱，所述大致與星期日日政府開緊急會
議後所發聲明書內容相同。誣我廿九軍存心排日挑釁，
對於停戰協定屢次失信，並誣我政府暗中備戰，無和平
誠意，故日政府議決，一面設法謀和平解決，一面派重
兵赴華北，以杜類似衝突之發生，促中國政府之覺悟，
而維遠東和平。至各國在華利益，日政府可保證，聲明
應盡力使勿受害云。鈞閱畢，謂該節略所述與事實相

違，遂告以真相。法外長謂，日之侵略政策人所共曉，現暗與德義接洽，又利用歐洲多故，再事侵略，昨日日代辦並言，佐藤對華調和政策引起國內責難，現政府對華決取積極辦法，察其語意是日本政局又為軍人所把持，深堪憂慮。法政府昨晚已電令倫敦及華盛頓大使，轉商英、美政府，共同向中、日勸告停戰，從事和平商議，雖明知中國力主和平者，然欲避免日方誤會，必對中、日一律看待。至訴諸國聯，渠意甚屬正當，容商之閣僚，再作正式答覆。鈞言第十七條規定頗具體，如日本不允派員出席則如何？渠料，日必反對，將來應付甚難。詢如第一步由中國或他國先引第十一條辦理如何？渠言，按第十一條國聯處置範圍較為寬廣，或日本激剌較少。鈞言，美國不在國聯，甚是憾事。惟按華府九國公約第七條，遇事締約國彼此應商議，美國亦不旁觀。渠言，美之參加，實屬必需，容與閣僚商議後再覆。一面仍望日本意在試探威逼，並無決心作戰云。特聞，再，此次日方挑釁情形應否由大部擬就宣言電達各使館，或僅電駐九國公約簽字國與駐蘇聯使館，轉送駐在國政府存案，請核奪。顧維鈞。

巴黎顧大使來電

民國二十六年七月十三日

南京外交部。四一二號，十三日，四一一號電計達。援引盟約第十七條訴諸國聯原是正辦，惟目前英、法、蘇聯因西戰問題與德、義對峙，前途茫茫，人心不安。日現又必拒絕參加，我亦難望國聯適用該條第三款施行制

裁，徒增對方刺激，與調停之意相左。若引第十一款，範圍較廣，迴旋較易，惟使美國參加手續較繁。若圖友邦調停，第一步似可援引華府公約第七條要求設法。惟美國近年對該公約之態度游移，盟約與華府公約之間，何者應先援用，宜速探詢美政府之意見。頃據美大使詢問今晨鈞與法外長談話大概，並問是否擬訴諸國聯？察其語氣，似頗驚疑，經答以尚未決定，僅欲先徵各國意見，以資參考云。鈞。

附註：四一一號來電──關於盧溝橋事變與法外長晤談由，電報科謹註。

巴黎顧大使來電

民國二十六年七月十五日

南京外交部。四一七號，十五日。頃法外長約談，謂法主張英、美、法三國聯合向中日勸告，愈加鄭重，並願居間斡旋，連日以此與英、美接洽。惟美主分頭單獨勸告，業已與駐華盛頓中、日大使接洽，英亦如是辦理，故法亦祇能照辦。好在手續雖是分頭，政策仍屬一致，明知貴國處於被迫地位，意願和平，但仍望益加鄭重。一面已約日代辦來見，屆時擬告以法政府重視和平，願任斡旋之勞，並望日政府勿使華北大局益轉嚴重。至日前所談訴諸國聯一節，業與英大使商談，渠以為不易見效，因值此歐洲大局未定，國聯不能為力，當以援引九國公約與美一致進行為宜。旋與美大使商談，渠以為然，但須請示政府決定。法外長並謂，此事今晚閣議，因西班牙問題正待決定，不討論，擬於明晨國務會議提

出云。再據密報，蘇俄了解此次日本在華北挑釁為對俄
備戰之第一步，惟因彼國國內正在清黨，歐局又頗不
穩，故不便積極援我，以免激成第二次歐戰云。四一二
號電務陳，已否與美方接洽，情形如何？祈酌示為盼。
顧維鈞。
附註：四一二號來電——盧溝橋事件盟約與華府公約之
間何者應先援用，宜速探詢美政府意見，等由。

巴黎顧大使來電

民國二十六年七月二十日

南京外交部。四二二號，十九日。頃晤法外部亞洲司
長，渠云上星期法、英、美三國已向東京表示希望和平
解決，並聲明願任斡旋之勞，係非正式之表示，目前如
無雙方正式請求，不擬再有表示。日方對第三國向彼接
洽，不表歡迎，但聲言冀察自治前經中國政府所核准，
故日視華北為地方問題，願當地和平解決，不欲擴大事
態，日政府一部份及重臣均如此主張，此或中日直接解
決之基礎。鈞告以冀察政務委員會權限分明，凡關主權
問題均應由中央主持，並非普通自治可比，日方意存緩
兵之計，以便待援軍到達。華北所云當地解決，意在
使華北脫離中央，造成日本特殊地位，以便佔領。即使
中國設法與日直接謀解決，亦須友邦繼續表示關切，使
日軍撤退。渠云，友邦必仍從旁設法促進，雙方軍隊
自宜彼此往後撤退。至三國聯合向日表示，尚須待事
態之變化，現與倫敦、華盛頓兩方用電話接洽，每日
數起，完全一致。旋詢報載日遞哀的美敦書，確否？

答未接官報，諒不確云。鈞。

巴黎大使館來電

民國二十六年八月二十一日

南京外交部。四五五號，二十一日，四九二、四九四號電均悉。頃訪法總理詳談並告連日戰況，渠稱欣慰。關於：（一）我方擬訴國聯，仍請法國贊助，渠謂尚再予同情考量，俟商同僚經閣議議決後答復。惟須注意者：（甲）國聯已試驗無效，如僅通過一議決案，恐不能阻止日軍行動。（乙）在今日局勢，英、美、法協力應付或較有效。（丙）日、德退出國聯，義則藐視訴諸國聯，或有造成對壘之嫌。鈞言，至少第一步，可先宣布日本為侵略國，引起世界注意，制裁可待諸第二步。美之與國聯合作，亦可使國聯恢復威信，現我亦由英、美接洽，冀可促成合作。渠謂，法閣員中亦有如是看法者，待閣議議決之。（二）起運軍火盼早放行並予以便利，渠表同情。惟慮到時恐已宣傳，日方勢必封鎖。聞美政府已授意美廠勿再供售遠東軍火。鈞言，美未施行中立法，態度亦如常。渠言，法軍火有係國營廠品，須稍慎重，至商營則可聽其自便，在遠東艦隊力薄，如日人以武力干涉，勢難應付，惟此問題定下週由內閣通盤討論，予中國以同情之考量。（三）商請撥借軍火，渠謂政府鑒於歐局尚不敷自用，撥借少數，無裨於事，多則有礙法國國防，恐遭國會人民責問。至安南存貨不多，所有恐已撥調赴上海之軍隊應用。總之，軍事期內接洽重要，貴國宜另籌辦法云。顧。

附註：四九二號去電，係為萬一美國實行中立，仍望勸
阻法方，由四九四號去電，係為請向法政府商洽購買炸
彈由，電報科謹註。

巴黎顧大使來電

民國二十六年八月二十六日

南京外交部。四六五號，廿五日，四五八號電計達。頃
訪法外長，（一）談我訴諸國聯事，業經今晨國務會議
曾加以討論，僉以為此事中國政府可自由決定。法素擁
護國際聯合會，此次亦必盡力在國聯贊助中國，惟正值
國聯一再暴露能力薄弱之後，波蘭、那威、瑞典、丹麥
等國，又對國聯態度不佳，自難期獲得實際效果。如施
行制裁，殊屬不易，不過可將盟約原則重行申述，使於
道德上為中國聲援，並言美之不在國際聯合會實為可
惜。又詢英方已否接洽，鈞答正在接洽，並希望美國能
一如國聯討論東案時與國際聯合會合作。法外長言，此
層實屬重要，否則國聯更無能力矣。（二）鈞又詢供給
器械事，渠稱經決定原則，法政府礙難直接接濟，惟凡
商辦之廠一概聽其自由供給裝運。渠又以凡屬該部管轄
之一切機械業經訂購者，可以設法全部交貨，惟未訂購
務請勿購官有。鈞謂我購貨之亦有屬於陸軍部管轄者，
是否須限於商辦之廠。渠謂原則上如此議決，想儘有通
融餘地。（三）鈞詢假道越南運輸事，渠言亦議決商廠
之貨聽其自由運輸，且日方屢次聲明，現在用兵並非國
際戰事，則更無問題。（四）法外長又言孔使所訂購各
貨種類數量、簽字地點、日期及貴使來商供給運輸等問

題，日方完全知悉，必來抗議，謂法助華抗日，表示不滿，雖經答以既非戰事狀態，自無中立可言，一切商業運輸，當然完全自由。但日方消息之靈通，足見有大規模間諜之組織，或在歐洲或在他處，華方似有洩漏之處，務望慎防云。除電告孔使及切告本館館員及法商注意外，請大部轉達有關係機關一併留意為禱。顧維鈞。附註：四五八號來電，係與法外長談話分四點由，電報科謹註。

巴黎顧大使等來電

民國二十六年十二月一日

漢口外交部。五二三號，一日。昨鈞偕博往見法副總理卜倫，所談可分三點：（一）義大利承認偽國，不但對中國為不友誼舉動，對國聯亦不忠實，是否在歐局將引起反應。彼稱現遠東狀況之嚴重已超過東三省事件。義大利此舉，想不至影響歐局。（二）關於英德談判，彼謂義大利對此並不反對，且對談判內容經德隨時接洽。至於法總理及外長赴英談話，據報告，頗能滿意，英、法兩政府對德之要求態度完全一致。即此種要求如可為安定歐洲全局總結算之一部，則英、法均願商量。否則認為無裨大局。（三）對於中日問題，彼意如英、美、俄能共同對日，可以不戰而使日本就範，毫無危險。且美既不願當衝，則英、俄合作，美必加入，惜英俄與美俄間關係未見親密，彼此不無猜疑。博謂法國與英、俄邦交均極密切，似可作為合作之媒介，彼答現正努力於此項聯絡工作，如此事速成，遠東局面及國際形

勢均可望有轉機，特聞。博、顧。

河內總領館來電

民國二十六年十二月十六日

漢口外交部，二二七號，十五日。廣州為發展越桂交通
起見，除原有龍州同白色間公路外，擬再築造一副路。
由靖西經化洞岳圩以達越邊之上廊。而高平公路接通
內越段，須由越方建築，現越方派國聯工程師 Maux 踏
勘，彼極願前往，惟須我中央同意，理合電陳經過，
並請轉電宋常務委員接洽。又穆子已於今日起程赴港。
總領館。

第七節　中國與德義等國商洽情形

一　蔣院長接見德使陶德曼及義使柯萊

二十六年七月二十七日上午十時，蔣院長接見德國大使陶德曼，告以日本積極行動危害東亞和平，請陶大使轉電德政府，速以德日防共協定簽字國之地位，勸告日本停止在華行動。陶大使答稱：防共協定似僅為防止國內第三國際之行動，且自簽訂該協定後，德、日兩方始終未有任何舉動。即如該協定內規定之委員會亦未組織，故該項協定實與現在中日形勢無關。但院長所云一節，當轉電政府。

七月三十日下午五時卅分，德大使陶德曼到外交部訪問徐次長，略謂：前日與蔣院長談話後，當經將院長所云一節電達政府。茲接覆電謂：本人對於德日防共協定表示之意見，甚為適當。德政府認為不能以該協定為根據，請求日方停止在華行動，反之日方亦不能以該協定為根據，請求德方為任何協助，但德政府業已再向日政府勸取和緩態度云云。

二十六年七月二十七日上午十一時，蔣院長接見義大使柯萊，詢以對於中日問題之意見，柯大使答稱兩方宣稱各節甚多歧異，故究不知誰是誰非。惟義政府對於中、日兩國均有特殊友誼，頗願以第三者地位出任斡旋或調停等語。院長告以現在中國方面無話可說，和平抑戰爭聽日方自決，中國實處被動。倘日方必欲求戰，我方惟有應戰。柯大使表示，戰端一起，中國恐受鉅大之犧牲，靜待時機或較妥慎。院長謂，實逼處此，無可逃

避。柯大使謂，彼對於國民政府之領袖表示如此堅強之
意志，甚為欽佩云。

二　德使陶德曼調解情形

外交部電莫斯科大使館

民國二十六年十二月二十八日

耿秘書譯送楊次長耿光勛鑒：頃德大使轉來日本所謂和
平談判基本條件：

第一，中國應拋棄親共政策及反日與反滿政策，並與日
本及「滿洲國」合作，實行反共政策。

第二，設立非武裝區域，並在必要區域內成立特殊
政權。

第三，日、「滿」、中締結密切經濟合作之協定。

第四，中國對日本為必要之賠償。

德大使謂：德方僅係傳話人，絕未表示任何意見。我政
府認為上項條件無考慮之餘地，委座囑執事密告蘇聯政
府，並聽取其意見電復。外交部。

德使陶德曼訪晤王部長

民國二十七年一月一日

　　二十七年一月一日下午七時十五分，德大使陶德曼
來訪王部長，徐次長亦在座。

　　陶大使略謂，前日張部長嘉璈與彼談話後，當即電
詢駐東京德大使，可否開示日方對於所提四項條件心目
中所有之詳細辦法。昨晚接東京德大使復電，就彼與日
方要人歷次談話所得之印象逐項告知，但並非日本政府

有統系的聲明。

關於第一條拋棄排日排滿政策及反共各點，就東京德大使所知，首為承認滿洲國。至加入反國際共產協定及廢除中蘇不侵犯條約一節，日本雖認為適宜，但並不要求，又中國須以積極證據表示排共之誠意。

關於第二條非武裝區域一點，日方意欲有三處：一為內蒙，一為華北，一為上海附近現在佔領區之一部，約至有湖沼之地段。又關於第二條特殊政權一節，（甲）內蒙須自主。（乙）華北，東京德大使謂：關於華北之特殊政權，彼不甚明瞭日方之意。最初日人有謂須與內蒙有同樣自主權，繼又謂華北設特殊政權，須不隸屬於中央政府。最近又有謂華北設特殊政權，其權力甚為廣大，但非自主且仍屬於中國主權之下。（丙）在上海公共租界與法租界外於並不十分廣大之地域內，設立特殊政權。

關於第三條經濟合作協定一節，日方指關稅與商務而言。

關於第四條之賠款，一部分為戰費之賠償，一部分為日本財產損失之賠償，又佔領費用亦須由中國負擔。

關於停戰一事，日本廣田外相及參謀本部之意，已前後分別轉告孔部長與徐次長。廣田意倘兩方談判進行順利，自可商議先行停戰。參謀本部則謂一俟中國代表已開始和議，並已給予實行和平之相當保證，則日本軍事當局可考慮停戰。最近參謀本部人員又告德國駐東京武官，謂參謀本部正在研究監視委員會之辦法。倘中國可給予相當保證，而監視委員會從事監察，則戰事之繼

續，殊無必要。

　　陶大使最後復聲明上述各節，僅係德國駐日大使與武官與日方要人談話中前後所得之印像，而非日政府所為之聲明。

外交部電東京大使館

民國二十七年一月二日

Sinoembassy Tokyo，七號，二日。上月二十七日，德大使陶德曼轉來廣田於二十三日面交駐東京德大使所謂和議基本條件四條：（一）中國須放棄親共及排日排滿政策，並與日滿合作實行反共政策。（二）設立非武裝區並在必要地帶設立特殊政權。（三）日、滿、中三國締結密切經濟合作協定。（四）中國向日本為必要之賠償。我方初以上開條件空泛廣寬，認為無從考慮，昨日陶大使又轉述駐日德大使與日方各要人歷次談話所得印象約略如下：關於第一條，承認滿洲國，中國以積極證據表示反共誠意，但不要求加入反共協定。第二條，非武裝區，日方意欲有三處，一為內蒙，一為華北，一為上海附近。關於特殊政權，（甲）內蒙自治。（乙）華北須有權力甚為廣大之組織，但非自治，且仍屬中國主權。惟關於此點，駐東京德大使尚未十分明瞭日方之意。（丙）上海兩租界外，於不十分廣大之地域內設立特殊政權。第三條，經濟合作，指關稅商約。第四條，賠款一部分為戰費，一部分為日本財產損失，又佔領費亦須中國負擔云云。政府對此方案正在研究，或須就重要各點，再請德方轉詢日方意思，在政府未決定最後辦

法以前，執事可常與駐東京德大使聯絡談話，聽取其所述，勿表示具體意見。同時日方如有要人求見，勿予拒絕，而以同樣態度應付。外交部。

德使陶德曼訪晤王部長經過

民國二十七年一月十二日

二十七年一月十二日上午十時三十分，德大使陶德曼來訪王部長。陶大使首問王部長，中國政府對於日本和議條件已否決定，王部長答以日方條件太屬空泛，我方無從決定。若日本政府將詳細辦法通知我方，則我方當可考慮決定。陶大使謂：恐日本政府不肯出此。彼意如中國方面欲知某項問題之內容，儘可提出詢日本政府。

陶大使續謂：彼連接駐東京德大使狄克生二電，該二電係狄大使發致德外部者，而同時電陶大使接洽，彼接電後自動詢問柏林應否將內容轉知中國政府，柏林電令轉達。

第一電內容如下：狄大使於一月十日訪晤廣田，詢問一月十日之期是否仍非哀的美敦書性質（陶謂：駐東京德大使館參事曾告外務省次官堀內，因來往電報需時，年底答復一層，恐不易辦到。堀內稱，可候至一月十日。德參事遂詢此項日期有無哀的美敦書性質？堀內答稱，並無哀的美敦書性質。）廣田答謂？仍無哀的美敦書性質，但日本以最大之急迫盼望中國之答復。（……expects a reply with the utmost urgency.）

第二電內容如下：狄大使報告德政府謂，據可靠消

息，日方軍部人員堅持中國須有急速明白之答復，而緩
和派於中國答復不滿意時，亦將屈服於急進派。狄大使
又謂：御前會議將決定宣戰，否認國民政府承認北平政
府繼續軍事行動等問題。

　　陶大使述畢二電內容後，續謂彼之任務僅在轉達日
方意思，不欲勸告中國接受或拒卻，但彼認為中國政府
應有正式答復，惟依彼觀察或已嫌稍遲耳。

王部長訪晤陶德曼大使經過

民國二十七年一月十三日

　　二十七年一月十三日下午十二時五分，王部長、徐
次長訪晤陶德曼大使，勞德士參事亦在座。

　　陶大使謂：本日接駐東京大使館電，知昨日（十二
日）外務省次官堀內約見大使館參事，堀內請轉電陶大
使，竭力設法促中國政府急速答復。倘本月十五日前仍
無答復，則日本政府須保留自由行動。日本至多再候
二、三日。德參事詢堀內十五日之日期，有無哀的美敦
書性質？堀內謂日本此時要求中國立即答復，無可非
難，因始請中國於年底作答，次又於展至一月十日，現
已一月十二日矣。

　　東京德大使館電續稱：德參事又詢堀內，日方之意
中國須如何答復。堀內謂，中國之答復須表明確實之態
度，即使對於特定各點或提出反問，該項反問亦應含有
中國在原則上有願與日本得到諒解之意。倘中國答稱此
事正在考慮，此種答復認為不足。

　　陶大使謂：另接東京一電，知十二日外務省之發言

人密告新聞記者，御前會議結果之公布（天皇公告）須視中國政府之答復而定，而中國之答復須接受或拒絕。日方已自蔣委員長處得有某項消息。宣戰問題尚未經御前會議決定。

二十七年一月十三日下午四時二十分王部長在官舍約晤德大使陶德曼，徐次長亦在座。

王部長首謂：昨日（十二日）本已準備答復，嗣因須與一某同事接洽，故遲至此時始得提出。王部長遂將準備之件（附件）誦讀一遍。陶大使請交彼參閱，王部長聲明此係口頭通知，不能認為文件，交彼存閱，僅為彼之便利，遂將所讀之件交陶大使。

陶大使聽王部長讀畢後，神色頗不自然。詢問此項通知是否係答復。王部長、徐次長均謂：我方欲知條件之性質與內容，以便考慮決定，此件並非答復今日陶大使所述之電報。陶大使遂表示彼認為此係一種中間答復。陶大使問：如日方認為此係一種躲避之答復（Evasive answer）將如何？王部長告以如我方有意躲避，不再詢問內容與性質矣。陶詢我方意是否請彼轉知日方。王部長答是。

德國調停經過報告

民國二十七年一月

一、十二月二日蔣委員長在南京就十一月初德國駐華大使，向中國政府通知之日方和平基礎條件，面告德國駐華大使各節，業由德國駐日大使於十二月七日轉達日本外務大臣。外務大臣對此案，告德大使謂將與有關

係各方商酌。又謂因軍事情勢之變遷，依彼觀察，十一月初所提條件，是否仍進行商談，殊屬疑問。

二、德國駐日大使上項步驟，前已由德國駐華大使報告蔣委員長。

三、日本外務大臣對於德國駐日大使於十二月七日所述各節，於十二月二十三日用口頭說明日本政府之答復，同時以答復之措詞，留交書面如下：「鑒於近日戰事之急速發展與大局之重要變化，日本政府擬以下開條件為商議和平之基礎。如中國完全接受該項條件，並表示願恢復和平之意，則日本政府準備開始兩國間之直接商議。此際，本大臣願閣下明瞭，如中國不能接受該項條件，則日本雖非所願，亦不得不以與現在完全不同之立場，應付目下事態。

基本條件

第一，中國應拋棄聯共政策及反日與反滿（滿洲國）政策，並與日本及滿洲國合作，實行反共政策。

第二，在必要區域內設立非武裝區，並成立特殊政權。

第三，日、滿、中締結密切經濟合作之協定。

第四、中國對日本為必要之賠償」（註：右旁劃出之字句，據德大使陶德曼面告，彼所接政府來電，其電碼或有錯誤，已電詢政府矣。謹註。）

最後，日本外務大臣遞交上項復文後，又有補充表示，此項表示經德大使記錄如下：「一、如中國接受基本條件，則應將其意思以事實表現，即與共產主義奮鬥。蔣委員長應派代表在日本，於一定時期內指定之地點，為和平商議，日本大約於年底以前等待回音。

二、如蔣委員長準備接受和平條件，則日本政府希望德國政府不向中日兩方建議停止敵對行為，而希望直接商談。」

此外，日本外務大臣又謂：在和平商談之時期，軍事行動必須繼續，軍事行動之停止，須在和約締結之後，始有可能。

三　德義等國的態度

柏林程天放來電

民國二十六年七月十四日

南京外交部。四八四號，十四日。昨奉鈞部十一、十二二電，兩度以本館名義發表聲明，說明日方一再違約啟釁，我方不得已抵抗及日方陸、海、空軍發動情形，今日德報已登載。今午與德外長談半小時，說明盧溝橋在北平南部，照辛丑和約，日亦無權駐兵。至我方對七日起事變經過，中央始終抱定和平解決之態度，但如日方堅持無理要求，及意圖以武力壓迫，決抵抗到底，一切責任應歸日方。德國外長謂：日本大使今晨見彼，告以日方態度，並諉過於中國。但經放說明後，彼已了然，對盧溝橋非和約規定駐兵及演習範圍更為明瞭。放詢德國政府持何態度，彼謂目前已與德國總理說明，德國政府覺中日間有此衝突，深為不幸，甚盼能和平解決，否則非世界之福。放謂如日方改變侵略政策，我國仍願與之協商，以外交方式解決，但能否辦到則在日方，又謂萬一事變擴大，德方見解如何？彼謂德國政府必抱定平允態度。再連日與各國駐使交換意見，所幸

各使均極關懷，且云，如英美切實合作，可消彌遠東及
世界危機，但未奉政府訓令，未知二國對此事已接洽到
如何程度，謹聞。程天放。

附註：十一、十二去電，係由日內瓦轉關於蘆溝橋事件
宣傳電，電報科謹註。

柏林程大使來電

民國二十六年七月十六日

南京外交部。四八五號，十六日。五三八號電敬悉。放
抵德後曾備德文本中國反共鬥爭書籍數百部，分贈德政
府要人及在野名流。個人談話及公開演講亦隨時宣傳中
國反共經過，故德方朝野對此頗為明瞭。華北事變發生
後，日方在德自思造成中蘇連繫，及我政府與共黨妥協
友好之輿論，但迄至現在止，可謂未生效力。德報對中
日事件評論均尚持平，大都暗示日方在華北駐軍太多，
引起中國惡感。著名大報佛朗克府新聞十三日社評且
謂，中國方面軍力及民族自尊心均強，已非數年前之易
於屈伏。蔣院長決不願訂立屈辱之條件，現仍願交涉，
但不免有一日至忍無可忍之境云云。除三月五日德黨報
社評曾提及中國之人民陣線外（詳三九七號電），此後
並未再提。同盟社所傳，顯係故意散放空氣。惟十四日
與德外長談話時，曾談及見日大使時，曾告以中日糾紛
擴大延長均不利，恐徒為共黨造機會云云。此後仍當
嚴密注意報紙論調，隨時電陳，唯我方在海外無通訊
社，不克直接供給消息於各報，為可憾耳。程天放。

附註：五三八號去電，係日同盟社所傳中蘇聯繫增強，

德對華關係當再檢討希就觀察電部由。三九七號來電，係德國國社黨報載文討論，共黨在遠東之人民聯合戰線策略由，電報科謹註。

柏林程天放來電
民國二十六年七月二十四日

南京外交部。四九一號，二十四日。德官方主辦之政治經濟通信，昨對華北事件有評論，謂華北形勢似已緩和，可慶幸，希望雙方以外交途徑解決此事。德國對遠東無政治企圖，但有經濟利益，任何國際糾紛均可影響此利益，故願東亞能於和平中復興經濟，保障國際貿易。法國方面故意誣衊德國，引用與中日糾紛無關之德國、日本反共協定，以作佐證，完全不確。特電奉聞參考。程天放。

柏林程天放來電
民國二十六年七月二十九日

南京外交部。四九四號，二十九日。五五四至五五八號電敬悉。我軍克復豐臺、廊坊、通州及擊落日機等消息，均交德報披露，此間日使館因德報常載於我有利之新聞，擬再向德外部抗議，謹聞。程天放。
附註：五五四至五五八號去電——宣傳我方勝利情形由，電報科謹註。

柏林程天放來電

民國二十六年八月十一日

南京外交部。第五〇一號,十一日。孔副院長昨抵柏林,午應德經濟部長沙赫特至彼鄉居歡宴,由放陪往。德方到國防部長白龍培、外交部政務次長懷邑克等,因德外長、外次均不在柏林。散席談遠東問題二小時。沙、白表示,德國希望中日糾紛能和平解決,曾以此意勸告日本,如不幸發生戰事,德國必保持絕對的中立。惟如範圍擴大,蘇聯捲入漩渦,則形勢複雜,恐影響歐洲,謹密聞。孔副院長在德有三、四日間逗留,再赴奧、意等返國。程天放。

柏林程天放來電

民國二十六年八月二十三日

南京外交部。五一三號,二十三日。並請譯呈蔣院長鈞鑒:近來德報對我態度漸變,時登不利於我之新聞或言論,今日下午訪外次麥根生談一小時,表示我方不滿,請其注意。麥謂,德政府對中日戰事始終保持中立態度,故顧問不召回,貨物仍照常供給。關於報紙登載失實,允轉達宣傳部。但據外交界消息及哈瓦斯社等所載,則此顯係國社黨之政策,蓋黨部重要人物向主親日,訂日德防共協定後尤甚。現因俄、法各國對我極表同情,德方傾向日本之色彩遂益濃厚。現在世界大勢,英、法、俄與日、德、意已形成兩大集團,英、法、俄及德、意兩方面之同情,勢難兼得。故德外次雖如此表示,放甚慮戰事愈延長。英、法、俄對我愈同情,德方

態度將愈不利於我。但以世界整個局勢論，則此或於我
為有利之事，謹密聞參考。程天放叩。

柏林程大使來電

南京外交部。五三二號，十三日。並請譯呈蔣院長鈞
鑒：十一日晨與德外長談話。放首述自盧溝橋事件以來
中日衝突經過，以及歷次擴大均應由日方負責之理由，
繼述中俄互不侵犯條約訂立經過以及我方立場。渠表示
了解，但對於中國釋放共黨，及此後蘇俄在中國之活
動，頗表疑慮。放比告以釋放政治犯係中國自動，凡表
示悔悟者均予以自新，與中俄條約絕無關係。至蘇俄在
中國活動一節，則民國十三年中俄協定已明白規定，兩
國彼此不得在對方宣傳，此約迄今仍有效。渠謂蘇聯乃
不顧信義之國家，一旦有機可乘，即不顧約言，肆意搗
亂。德國以前即曾大吃其虧，中國非要特別謹慎不可。
又謂世界上發生戰爭或其他衝突之國家，即為共黨活動
最好場所。放謂此意誠然，日本侵略中國不啻為共黨造
機會，凡真正反共之國家均應反對日本此種侵略政策。
渠以為然，放乃詢以莫索里尼抵德是否將與德總理談及
遠東問題？（莫索里尼已定九月廿三日來德，九月廿七
日抵柏林）。渠謂兩國領袖會晤主要目的在鞏固邦交，
次則對於大局如何採取一致行動，遠東問題是否談及現
尚未定。放謂余甚望兩領袖晤面時，閣下能主張由德、
義兩國以反共立場共同勸告日本速行停止對華軍事行
動，義國外長在華多年，對此當可表同情，日本如能覺

悟，遠東和平立可恢復。渠思忖後表示對此點當詳細考
慮。最後渠謂，曾與德總理商議遠東時局多次，決定仍
嚴守中立，祇須雙方不正式宣戰，德對於中國之經濟合
作辦法必仍繼續，日方為此事曾絲毫不變云，謹密聞。
再在專車與英、法大使談話，放告以中國將以日本侵略
行動提訴國聯，詢彼等意見。均謂國聯自九一八後即轉
覺同情中國，但目前局勢如此嚴重，列強自顧不暇，欲
望國聯對中日糾紛有嚴正決議，恐難辦到，程天放叩。
文電寄由柏林拍發。

柏林程大使來電

民國二十六年十月一日

南京外交部。五四六號，一日。並請譯呈蔣院長鈞鑒：
墨索里尼訪德四日，除宴會參觀公開演講外，曾與希特
拉密談數次。抵德義外長及極少數高級人員在場，故內
容極密，外間不易探悉。今午往見德外長，詢其曾談及
遠東問題否？渠謂曾談及，兩方意見均主保持中立態
度。放比告以日空軍轟炸無抵抗城市，殘殺無辜人民，
為正義人道計，請德政府設法制止。渠謂德政府自得此
消息，即曾一再警告日本，惜未發生效力，德總理去歲
在國會演說，即曾提議聯合列強共同限制空軍行動，惜
未得他國接受耳。放謂在紐倫堡與閣下所談由德義聯合
勸告日本，俾戰禍早日停止，此次曾否洽商？渠謂德政
府極願努力，使東亞和平早日恢復，但經詳細考慮後，
覺現在出而調停，似覺為期過早？蓋日方決不肯接受
也。故須俟時機成熟始能進行。放謂依閣下觀察，如何

始能謂為時機成熟？渠謂此殊難下斷語，因遠東時局隨時變化。放詢其外傳德日將邀義大利加入反共協定確否？渠謂絕無其事，日義是否將訂同樣之約不得而知。但德政府決不願德、義、日形成一種同盟，引起他國誤會及反對也，謹密聞。又據由外交團探得消息，德義對遠東態度似將俟蘇俄之態度為轉移。至歐洲方面則希墨會談，墨希望德方在西班牙能多予援助，希則希望義方對德在奧國及東歐之發展不加反對，但均無何種具體決定。經此訪問後，德、義愈形接近，在歐洲聲勢更形活動自在意中，但同時英、法之聯絡亦必愈形密切，並聞。程天放。

南京軍委會情報組情報

民國二十六年十月九日

據上海電報：一、意國考察團來遠東所負使命，除日、意經濟密切合作外，日並望意能於蘇俄助華攻日，及英、美公開抵制日貨，或對日施行經濟制裁時積極助日。又日本恐各國斷絕日本軍用品來源，希望意能以軍用品供日，又墨索里尼曾著該團轉致意國駐華代表，在滬進行不利我國之政治活動。二、意駐華陸軍參贊某少將魚日宴各國駐滬高級軍官，曾誣我上海各團體在反日旗幟下擴大排日宣傳，並取出偽據多種，請各國駐軍長官禁止我團體在租界內活動，但遭拒絕等語。

附註：此電係軍委會第一部抄電，謹特註明。電報科謹註

羅馬劉文島來電

民國二十六年十月九日

南京外交部。二八一號，九日，三二一號電敬悉。墨索里尼發表意見，題目為「歐洲與法西斯蒂」。宗旨在說明亞洲日本、美洲巴西皆趨向法西斯蒂，並非承認日本對華政策，義報亦無評定，更無代表團赴日。竊謂義國表面親日，實際中立，孔部長最近能在義訂購軍火可見一班。義外部面稱，參加九國公約與否，尚未確定。又六月份以後電報費均未蒙寄，可否將六、七、八、九，四月電報費，共計一萬五千五百呂耳先行電滙，俾能於此重要時期常詳電呈，並宴會活動，乞即電示。劉文島。

附註：三二一號去電，係墨索里尼發表袒日意見及義代表赴日希將觀察譯電由，電報科謹註。

里斯本公使館來電

民國二十六年七月十七日

南京外交部。四十五號，十七日。昨日遵照六十七號電往見外交部，據云葡政府承認九國公約係保證中國領土完整，該國政府已預備審查遠東問題，以照會商簽字國，並以為美國應首先提議。駐葡使館。

附註：六十七號去電──另發英文節略仰面遞由，電報科謹註。

哥本哈根吳南如

民國二十六年八月十八日

南京外交部。九十一號，十八日。本日丹報載，據外國軍事家觀察日本將佔領廣東、青島等海口，藉以封鎖中國等語，謹陳參考。吳南如。

不魯塞爾錢大使

民國二十六年十二月三日

漢口外交部。二五〇號，三日。比國國聯同志會昨開援華大會，由宗教、自由、社會三黨上議員演說，通過議決案，抗議日本侵略，希望國聯執行必要措置。泰。

第八節　日本對戰爭的論調

一　蘆案發生後日方的態度

敵政府關於蘆溝橋事變之聲明

民國二十六年七月十四日

敵政府因蘆溝橋事變之發生，經於十一日召開緊急閣議，決定對於所謂華北事變之根本方針，並發表聲明如左。

我天津駐屯軍，對於中國方面相繼發生之侮日行為，隱忍靜觀，不料七月七日深夜，向與我國相提攜並維持華北治安之第廿九軍，突在蘆溝橋附近，非法砲擊我軍，以致不得不與該軍發生衝突。我在平津之僑民，雖因情勢緊迫，陷於危境，但我仍未因此放棄和平解決之希望，在不使事態擴大之方針下，力謀此事之就地解決。廿九軍對於和平解決，雖曾加以承認，但至七月十日夜間，又復開始攻擊，致使我軍頗多死傷，並且積極增加前線兵力，暨南調西苑部隊以及命令中央軍出動等等，種種武力準備，積極進行，不但毫無和平交涉之誠意，且對北平交涉亦予完全拒絕。由此以觀，具見此次事件，完全出於中國方面之計劃的武力抗日，實無異義。惟查華北治安，關係帝國及「滿洲國」，絕對緊要，毋待贅言，中國方面，對此非法砲擊及排日侮日，應予道歉，並採取適當方法，保障今後不再發生此種行動，實為保持東亞和平必不可少之條件。因此，帝國政府，於本日閣議，決定派兵增援，以為必要之措置。雖然，維持東亞和平，向為帝國切念之事，雖在今後仍不

放棄和平折衝之志願，以免事態趨於擴大。希望中國迅
速反省，以利事件之圓滿解決。至於保全各國權益，帝
國政府素願予以充分之考慮。

敵天津駐屯軍對二十九軍之最後通牒

民國二十六年七月二十六日

廿五日夜間，我軍為保護廊坊通信所派士兵，曾遭貴軍
非法射擊，以致兩軍發生衝突，實深遺憾。查此事發生
之原因，實由於貴軍對於我軍所訂之協定，未能誠意履
行，而緩和其挑戰的態度。如果貴軍有使事態不趨擴大
之意，須將蘆溝橋及八寶山附近配備之第三十七師（附
註：師長馮治安），於廿七日正午以前撤至長辛店，並
將北平城內之三十七師撤出城外，其在西苑之第三十七
師部隊，亦須於廿八日正午以前，先從平漢路以北地帶
移至永定河以西之地，並陸續撤退至保定方面。如不實
行，則認為貴軍未具誠意。而不得不採取獨自之行動以
謀應付。因此，所有一切責任，並應由貴軍負之。

日本軍司令官陸軍中將　香月清司
昭和十二年七月廿六日
第二十九軍軍長　宋哲元　閣下

敵拒絕英方建議劃上海為中立區之覆文

民國二十六年八月十九日

英駐日代理大使陶資，於八月十八日往訪敵外務次官堀
內，謂奉本國政府訓令，為使上海事件和平解決起見，
特建議：「中日雙方各從上海同時撤兵，英國當與各國

負責保護上海之日僑。」堀內於十九日邀見陶資對於英
方提議，面交日方拒絕之覆文。覆文大要如左：帝國政
府，對於上次英、美、法、德、義五國大使提議上海問
題和平解決之事，曾加種種好意的考慮，但中國方面，
不但毫無具體的表示，且反對我增強非法攻擊之準備，
致使日本僑民之生命財產，瀕於萬分危險。此前當在洞
悉之中。帝國政府對於此等多數僑民自有加以保護之重
大責任，而不便以其責任委諸外國，尚請加以諒解。帝
國政府，對於租界內內外僑民生命財產之安全，實與各
國同樣，無不顧念。因此關係，帝國政府切望中國正規
軍及其武裝之保安隊，從速撤退於一九三二年停戰協定
區域外，以謀戰鬥之中止。查此次上海事件發生之最大
原因，實因中國漠視此項協定，而將正規軍及保安隊侵
入協定區域，以威脅我方所致。希望關係各國，尤其為
成立停戰協定盡力之友好各國，為使中國實行撤退此種
非法侵入之軍隊，加以積極的處置。

敵皇對兩院頒發勅法

民國二十六年九月四日

朕於帝國議會舉行開會式時，特為貴族院及眾議院各
員告：帝國與中華民國提攜合作，以確保東亞之安定，
而舉共榮之實，斯為朕所夙夜軫念不已者。然中華民國
不解帝國之真意，擅搆事端，致生此次事變，又為朕所
引以為憾者。現我軍人，排除萬難，致其忠勇，此不外
為促使中華民國之反省，從速確立東亞之和平而已。
朕願帝國臣民，鑑於今日之時局，忠誠奉公，和協一

心，從事贊襄，以期能達所期之目的。

朕命國務大臣，特別提出關於時局之緊急追加預算案及法律案，惟願卿等克體朕意，和衷協贊，盡其職責。

敵海軍要求各國外交機關退出南京之通告

民國二十六年九月十九日

敵長谷川第三艦隊司令長官於九月十九日，經敵總領事之手，對於各國外交機關，發出左列荒謬通告。

日軍作戰之目的，在使華軍終止其敵對行為，以便迅速收拾時局。南京現已成為華軍作戰行動之中心，我海軍航空隊，決自九月二十一日正午以後，對於南京市及其附近之華軍，暨與作戰或軍事行動有關之一切設施施行轟炸，或取其他加害手段。對於友好之權益及其僑民之生命財產，雖當予尊重，但因兩國交戰之結果，難保毫無蒙受危害之事。因此關係第三艦隊長官，不得不請居住於南京市及其附近之友好國官員與僑民，自動採取避難於適當地點之措置，並願避難或警備於揚子江上艦船，停泊於下三峽上游方面。

附註：關於長谷川無理之要求，英國於九月二十日及二十一日，美國於二十日，法國於二十二日，分別提出抗議。英國抗議要點如下：

一、英國大使館及軍艦，如果退出南京，則不能與友邦繼續其外交關係。

二、日僑自身，既仍在外國領土之內，自不得要求他國人，退出其領土。

三、日軍轟炸，如使英僑生命財產蒙受損害，英國保留

要求賠償之權。

法國抗議要點如下：

一、希望日本空軍之轟炸目標，限定在對南京之軍事設施。

二、法國不承認日本政府有權要求法國政府代表、法國僑民及法國軍艦退出南京。

三、日本空軍轟炸南京，如使法國僑民之生命財產蒙受損害，法國保留其賠償請求權。

日本對中國抗日戰爭的看法

縱令日本停止軍事行動亦將繼續抗戰

（譯自一九三八、七、廿九，大阪每日新聞晚刊）

王寵惠外交部長談（本社上海廿七日特電）

王外長廿七日會見U.P 記者之談話如左：

關於中日間之和平調停，目下雖有種種傳說，但本人並未接到任何外交代表，任何國家之和平調停，上項傳說實毫無根據。至於如果日本占領漢口之後，即停止軍事行動，中國將如何之問題。總之國民政府之既定方針毫無變更，即縱令日本停止軍事行動，中國仍將繼續抗戰是也。

希望美國調停　　漢口最高首腦部會議

（譯自一九三八、七、廿九，大阪每日新聞）

（本社上海廿八日特電）

因九江之陷落，防衛漢口之最要據點已失，國民政府於廿六日以來，在漢口開政府最高首腦部會議，慎重

協議今後之抗日政策。結果認為，據日軍現在之進攻情勢，漢口亦將不得已而放棄。故一面仍然宣傳對日抗戰，同時利用國際勢力，巧妙的誘導事變之政治解決。廿七日王外長之對外聲明曾言及此點，乃事變後國民政府初次表明有意政治解決，殊堪重視。尤其是不對從未援助國民政府之英國，反對美國請為調停斡旋，更堪注目。王外交部長之聲明要旨如次：

日軍不僅應停止戰爭行為，實應從現在之占領地域撤退，否則中國祇有決心繼續抗戰，然對於希望和平一事決不讓人後。惟和平須以平等與名譽為基礎，在任何人之看法均係如此。故和平之成否，全視日本之態度如何。希望美國本一向主張門戶開放機會均等之主旨，發起此次的和平運動。

二　日本經濟上的危機

民國二十七年八月二十八日

關於現金出口問題

許多關心此次中日事變的西方的評論家，莫不說：「日本雖可戰勝於疆場，但終失敗於經濟」。

談到經濟一層，所涉及的部門太多；本文的目的，在以可靠的記載，推定日本現金的現有量，尤其在觀察其對於處理現金的一切設施，以發現其今後對外之路線。有人說：自一九三一年，英國及其他主要國家如中、美、日等國，相繼放棄其本位制以來，黃金在一國國內業經匿跡銷聲，失去貨幣上的價值。時到如今還要談黃金的問題，甚至以黃金的多寡，佔計敵人作戰的力

量，這未免有點落伍吧！

誠然，自一九三一年以後，黃金在貨幣上的效用，已被紙幣取而代之，無人過問；然而一般人們，仍然認為紙幣是黃金的代表，黃金雖可不用但不可不備（硬貨準備）。如果黃金真是沒有了，就要影響到紙幣對內、對外的信用，動搖其經濟的基礎。

不僅此也：黃金對外的價值，並未減少，不特具有國際貨幣的性質，為交換的媒介；且值茲各國摩拳擦掌，準備第二世界大戰之際，莫不爭先恐後的收買牠，以為奇貨可居。

（一）

黃金在日本國內，究竟尚有若干，的確是一個謎。尤其自去年（一九三七年）七月，日本財政當局對於現金出口的數字，諱莫如深，秘而不宣以後。

可是入口的一方，如美國（日本現金百分之九十以上係向美輸出）不願採取同樣的步調，偏偏要把每次進來的黃金，逐一的公表出來。

日本輸出於美國的黃金額

一九三七年	美金千圓	日金千圓
三月	五、六九六	一九、六四一
四月	九、九七八	三四、四〇七
五月	一六、五九三	五七、二一七
六月	一五、三一六	五二、八一四
七月	四四、四五九	一五三、三〇八
八月	三七、六九七	一二九、九九〇

一九三七年	美金千圓	日金千圓
九月	四〇、九二七	一四一、一二八
十月	一九、八七五	六八、五三四
十一月	三七、一四八	一二八、〇九七
十二月	一八、七七四	六四、七三八
合　計	二四六、四六三	八四九、八七四

本年三月廿六日　東洋經濟

　日本在去年一年內，輸出於美國的現金，計八萬萬四千九百餘萬圓（日金，以下倣此），若再加上輸出於英國的一千三百餘萬圓（八十萬零二千萬磅），合計為八萬萬六千餘萬圓。

（二）

　日本現金輸出既如此之多，其來源不外兩途：（1）新產金額。（2）歷年的存貨——硬貨準備。茲分別言之：

（1）新產金額

	日本產金總額	日本政府及本銀行收買額
一九三〇年	一八、七四一、九七〇瓦	——瓦
一九三一年	二一、八六〇、二五一	——
一九三二年	二三、〇一四、九六七	一五、八一二、七〇〇
一九三三年	二五、八八八、八九四	一九、八八七、五九九
一九三四年	二八、五七七、一一五	八三六、六六四 一六、九九五、八二〇
一九三五年	三四、一八九、三三八	二八、三九五、四八〇
一九三六年	——	三三、二〇五、三〇一

附買收價格變更表

變更年　月　日	每一瓦之價
一九三二年三月七日	一、九三
同　　　八月廿九日	二、二六
十二月十七日	二、五二
一九三二年四月廿四日	二、三七
同　　十一月十二日	二、六五
一九三四年四月六日	二、九五
一九三五年一月十日	三、四九
一九三六年五月六日	三、五〇
一九三七年五月十六日	三、七七
	＊日本大藏省發表

由上表觀之：日政府收買的黃金，以時價折算，每年約在一萬萬圓左右，在去年七月以前，悉充硬貨準備，其後則編入特別資金會計，以填補國際收支之不足。

日政府以此項收買之金額，為數不過當生產總額百分之八十，其中尚有百分之二十，秘密輸出於海外，或隱藏於民間，於是不惜一再提高收買價格，希圖增加生產，並藉以杜密航之弊。然而終以其生產量有限，即就去年而論，據日大藏省發表，亦不過為一萬萬八千餘萬圓，平均一月約一千五百萬圓。

（2）存貨的配合

日本硬貨準備，自實行高價收買政策以來，年有所增，但自去年七月以後，以大量現金出口之故，復減少至四萬萬八千八百萬圓，而所有以往三年（由一九三四年起至一九三七年三月）儲藏之硬貨，計三萬

萬二千八百萬圓，悉搬出於海外，誠所謂：「千日打柴一日燒」，亦云慘矣。

自去年八月廿五日，日本實施金評價法以後，將硬貨準備四萬萬八千八百萬圓，一律以時價折算（原定每三七五公分純金位日幣五圓時價值十二圓九角三分一厘），實為十二萬萬一千三百萬圓。以其中之八萬萬一百萬圓，充作硬貨準備，而以其餘之四萬萬一千二百萬圓，編入特別資金會計，倣英美滙兌平衡資金制度，以備維持現存滙兌水準之用。

黃金對外之價值，既不能因評價而有所增減，且在未恢復本位制以前，亦非一勞永逸之計。是則此種評價辦法，在實質上是毫無意義的。即就增加硬貨準備而言，亦無非將「朝四暮三」變為「朝三暮四」，以愚昧其國民而已。

去年一年日本出口現金之來源

一、未評價以前（七月前）	三萬萬二千八百萬圓
二、新產金額（自三月起）	一萬萬五千萬圓
三、特別資金	四萬萬一千二百萬圓
合計	八萬萬九千餘萬圓

要之日本去年內，輸出之現金約八萬萬六千餘萬圓，若以上述之來源（八萬萬千餘萬圓）充之，恰好相當，似無動用硬貨準備（八萬萬一百萬圓）之必要。不過日本當局煞費苦心，為維持滙兌而設立之特別資金，茲又為之告罄。其後之國際收支，倘得平衡，固無論；若不然，滙兌水準，又將何以維持？

（三）

以去年日本的國際收支而論：貿易上的入超，計六萬萬三千四百萬圓，貿易以外的不足，計一萬萬餘萬圓，兩者合計不足七萬萬圓。本年日本的國際收支，究竟如何，雖尚不得而知，然而若對於輸入貿易，不加以人為的限制，其現金的流出，至少在十萬萬圓以上。進言之，即動用新產額與硬貨準備之全部（八萬萬一百萬圓）亦無濟於事。

（四）

自事變以來，敵人為平衡其國際收支起見，實行貿易管理，對於輸入品，除軍需品外，統加以極嚴格的限制。誠然日本本年上半年的輸入，較以去年同期減少八萬萬四千餘萬圓，入超額由七萬萬圓，減少至二萬萬餘萬圓。然而其結果如何？造成日本物價離開世界物價水準，據「東洋經濟」的統計：日本現在的物價比之英國貴百分之二十，比之美國貴百分之四十四。物價既如此抬高，對外貿易，當為之銳減。如日本實業界要員風間君說：「本年的輸出棉布或將減少至百分之五十」。想非無根之談。棉布輸出，既如此減少，其他亦可想而知。日本大多數的農民和勞動者，在封建的軍國主義與資本主義兩層的剝削之下，其平時所得，僅足以維持生活，少有對商品的購買力，因而日本所有的生產，大都依存於國外貿易（輸出貿易佔生產總額百分之二十以上）。是故輸出貿易，一旦減少，則不僅依存於輸出貿易之軍需輸入，既受莫大的影響（根據本年六月十一日

東洋經濟的推算，如須輸入軍需品一萬三千萬圓非減少同價棉花輸入不可；但棉花輸入減少至一萬萬三千萬圓，輸出額則減少至二萬萬圓。反之，軍需輸入為之減少至七千萬圓之譜。）而且因為缺乏原料，工場停閉，勢必發生重大的社會問題。據七月十八日大阪每日新聞的報道：日本失業工人已達一百萬人，其性質之嚴重，亦可以知矣。

日本實逼處此，如具有挽回目前危機的決心，則非從減少軍需原料輸入，撤銷和平產業原料（棉花羊毛等）輸入的限制，以恢復過去的物價水準，以增進輸出貿易著手不可；然若欲減少軍需原料輸入，增進輸出貿易，則又非從即時放棄對華侵略，與改善國際關係著手不可。至於本年七月間日政府公表之由硬貨準備中，取出三萬萬圓輸出海外，藉以稍稍緩和和平產業原料輸入限制之辦法，在現狀未根本的改善以前，此三萬萬圓之數，固無異於杯水車薪，無濟於事；何況其來源乃係硬貨準備，剜肉醫瘡，一之已甚，豈可再乎？

三　華中經濟的建設

民國二十七年十一月

（照譯日本同盟社新聞）王秀鍾　譯

（上海七日發同盟）自廣州、武漢相繼淪陷後，中國事變入於新階段，而屬於「新政權」下之廣大地區內，如政治、經濟、文化各種建設工作，已進於積極進行的時期。在華中方面，如關於鐵、礦、水道、電氣、內河航行、電信等項建設事業，華中振興公司之分公司

業經成立，並已開始活動，今後該公司之任務，在一面積極的參加各種事業的振興工作，一面對於業經成立之分公司而加以統制焉。

茲將各項分公司之近況略述如左：

一、華中鐵礦：其目的在開採安徽、江蘇兩省之鐵礦，於四月八日成立，生產量在第一年度內，暫定為一百萬噸。如凸凹山、南山兩礦山，已開始採掘，每日平均產量約五百噸。又如由馬鞍山運回日本之鐵礦石，十月廿六日第一船七千噸，十月卅一日第二船三千噸，其第三船預定在十一月十日起運。

一、華中水電：其目的在經營上海附近一帶水道電氣事業，於六月卅日成立。現在除公共租界法租界外，所有上海市及其近郊之水道與電氣，均由該公司供給；將來對於其他重要都市，甚至漢口之水道電氣等事業，亦擬積極的參加。

一、上海內河汽船：其目的在經營華中重要內河航路，於七月廿八日創立。現有汽船七十五隻，將逐漸開拓航路。

一、華中電信：其目的在經營華中電氣通信事業，於七月卅一日創立。有線電話，如上海、南京、蘇州、杭州、吳江各城內既已通話，而由十一月中旬起，上海南京間，亦可通話。

無線電話，上海與蘇州、杭州、南京、青島、天津、大連、香港、日本、馬尼拉、美國以及與船舶間均已通話，與漢口亦已通話，而上海與歐洲之通話，預定於明

春開始。

一、上海恆產：其目的在實行上海市的都市計劃，於九
　　月一日創立。現在計劃立案，業經辦竣，並已轉送
　　「維新政府」，在不久之將來，即可正式決定。預
　　計十二月中旬起收買土地。

再如將來應受華中振興公司統制之都市公共汽車公司，
已於十一月五日成立。又如關於經營水產、海運、交
通等事業之機關，亦將逐漸成立。（雲竹，十一月
十五日）

四　從貧困國轉向到富裕國

民國二十七年

（同盟十月二十九日東京電）李捷才　譯

　　漢口攻陷後，日本國民雖仍負有屬行長期建設戰爭
及確定東亞新體制之大使命，而其中最有意義者，為在
此新體制之基礎上，實行日「滿」華經濟集團之事。關
於此點，東京日日新聞，論述如左：「日本向雖號稱貧
困，但現以廣州與武漢之陷落，將於日「滿」華經濟集
團建設之透視中，形成世界最富裕之國家。過去均謂滿
洲物產，僅有『大豆與馬賊』，然自滿洲事變後，如鐵
路網之建設，煤、鐵及非鐵金屬之不斷的開發，頓使滿
洲經濟地位，日益增高。最近五年間，日本所需鐵礦，
每年平均二千三百萬噸，而朝鮮藏量則有四億噸，滿洲
藏量十億噸，華北年產三百萬噸，大冶及其他揚子江流
域諸礦山，年產五百萬噸，以此供給日本全國之需要，
自屬綽綽有餘。日本需煤，年約八千萬噸，而藏量則有

八十億噸，滿洲有百十億噸，中國有二百十億噸（內山西有百十七億噸）。又因日「滿」華經濟集團之形成，並已一掃煤油之不安。現為補充國內及臺灣之煤油生產，正在實施年產三千萬噸之煤油計劃。而「滿洲國」錦州方面，最近且已發現豐富之油礦。又北滿札賚諾爾地方之煤油業，現亦極形發展。再據美孚煤油公司某技師之調查，陝西省之油藏，足以供給今後三百年間之需要。由此以觀，日「滿」華經濟集團之形成，不但可使重工業易於建設，而日本之纖維工業，亦不致再有原料不足之患矣。日本需棉去年為一千三百七十萬擔，中國棉產，年約一千五百萬擔，若加推廣且可倍增。此外如羊毛，非鐵金屬及金、銀、鉛、錫、鎢、銻、錳、亞鉛等，華「滿」方面，均極豐富，故日「滿」華經濟集團之前途，殊堪予以樂觀矣。」

五　日本外交時報論收拾時局之管見
（中國應與日本締結同盟）

民國二十七年

林定平　譯

（摘譯九月號外交時報田村幸策氏著論）

（甲）不媾和之戰爭

一、日本政府堅持本年一月十六日之聲明，其態度至為明鮮，即以國民政府為戰爭之對手，而不以國民政府為媾和之對手，故日本政府與國民政府間，永無媾和談判之可能。且在占領區域內，「蒙疆聯盟政府」、

「臨時政府」、「維新政府」等次第成立，均與日本無戰爭之事實，故此數政府與日本政府間，亦無媾和談判之必要。要而言之，此次大戰，除國民政府崩潰，喪失其抵抗能力，事實上宣告結束外，恐無其他形式上之媾和。中日兩國間雖無媾和談判，於國民政府崩潰後（當非完全崩潰，事實上已淪為地方政府），新興中國與日本之關係，自有締結基本條約之必要。

二、此問題不外下述兩種場合：其一即萬一現在國民政府之要人，背叛國民政府，取蔣氏首級投降我軍門下時，日本政府亦不能承認其為中國全民之代表；其二即傚以前列寧促我西比利亞撤兵之故智，建設共產主義色彩比較暗淡之「遠東共和國」，將現在之國民政府改體後，另假造一新政府，向日本請求媾和時，日本政府亦不能承認其為代表中國之政府。但以地方政府資格，於彼等實際上支配區域內之事項，當可以之為對手，因自一月十六日以來，日本政府已否認國民政府為中國之正統政府，不但日本政府本身不以國民政府為一切交涉之對手，即國民政府對第三國一切交涉，由日本政府觀之，在理論上亦屬無效。故一月十六日之聲明所謂「不以為對手」之意義，不僅限於媾和談判，即其他一切事項，均否認其資格。但在法理上，尚有反對意見。

（乙）割地與賠款

一、此次即不言戰死戰傷之貴重犧牲，而正在發展之國際貿易，已失去大半，國民因此負擔重稅，生活大受壓迫，故所有物質上之損失，不能不取償於中國。

二、中日兩國雖未宣戰，事實上已較往昔中日戰爭大十數倍，此次戰爭勝利後，日本要求較臺灣與遼東半島大十數倍之土地，較二萬萬兩多十數倍之賠款，理屬至當。除近衛內閣對世界聲明「不要求割地」與「遵重第三國權益」二事外，其他對華要求，不受任何拘束。且事態至此，不論開戰當時之理由如何，日本應先決定要求條件之標準：（一）日本所受損失之範圍。（二）日本所獲戰果之程度。（三）日本將來安全之保障。總之在政治上應獲得優越地位，自不待言，而目前對於物質方面之賠償，非予日本國民以相當滿足，內政上恐將惹起事端，故華北開發公司與華中振興公司，其使命實非常重大。

三、補償日本國民所有物質上之損失，其直接方法，為要求賠款，此項根本條件，任何時不致有所變更，中國雖無餘力籌償鉅額之賠款，但將來必造成中國財政上能償還賠款之組織。

四、時至今日，日本尚不少「慕華思想」者，對中國人深表同情，如何治黃河，如何導准水，杞人憂天，吾人不能不絕對表示反對。蓋我以王師百萬，揮正義之利劍，長征萬里，暴露於四百餘州，豈能效宋襄之仁，或「東基火特」之空想，勞師動眾，而不取償於中國哉。

（丙）駐兵與裁兵

一、此次戰爭發生後，始知蔣介石自東北事變以來，即振軍經武，輸入大量武器，若更假以數年，滿洲

安全恐將不保。且將來不幸日俄戰起，則必乘機襲我後方，故此次不能不使中國有所覺悟，將來必與日本立於同一戰線。

二、國民政府獨以日本為目標，對全國民眾實施抗日教育，以所有財源購買各種武器，舉國瘋狂，威脅善鄰之日本，事變前一年之間，中國以善隣之日本臣民為目標，排外之殺害事件，不下數十起，而中國政府猶目之為愛國運動，不加取締，帝國之威信掃地無餘，帝國之權利蹂躪殆盡，是可忍而孰不可忍，故我日本國民有要求此次所受犧牲，不再加諸吾人之特權。

三、處理狂妄之中國，幸先進之西人貽有先例，即義和團事件後，各國對華之要求：第一為駐兵權；第二於一定期間禁止輸入武器（此次事變後，並應注意限制其製造武器）；第三於天津市內禁止中國駐兵；第四、嚴厲取締排外運動，中國政府對於違反者，有處以極刑之義務。

要之此次事變所受之慘痛經驗，為使其不再加諸吾人，對於保護在華僑民，擁護帝國權益及保障帝國安全，必駐兵於中國各要地，並竭力裁減中國軍隊。

（丁）應使中國脫退國際聯盟

一、中國利用國際聯盟，實行以夷制夷之政策，顧維鈞之得意戰術，即以日內瓦之演壇為砲壘，攻擊日本，不遺餘力，僱傭外國新聞記者為最高顧問，助紂為虐，妄肆反日宣傳。為顧維鈞蒐集演說材料者，英美之新聞記者也，作成計劃書者，外國人記者也，即其演說

及聲明書之原稿，亦係此等御用記者之所成也。

二、元來出席國際聯盟之各國代表，均為一種職業和平論者，適合中國政治家之臭味，不問事實，徒談理論，空中樓閣，無俾實際。

三、留此劣根性之中國人於此世界舞臺上，雖有親日防共之政府出，日本亦不能高枕無憂，蓋彼等無時不在利用機會陷害日本，故為維持中日友好關係，有絕對禁止中國人接近國際聯盟之必要。試觀最近二十數年間之中日外交史，即可知中國外交官如何荼毒中日關係，如何誣衊日本帝國，其陽性元兇為顧維鈞，其陰性策士即王寵惠。

四、在最近第一〇一回之國際聯盟理事會，顧維鈞指摘日本總動員法適用於南洋委任統治地為違法。已淪為一地方權政之中國政府代表，究不知其有何種權利，而干涉日本之內政？日本自有決定適用與否之資格與權利，殊不需彼顧維鈞饒舌也。此固區區一例，故決不能留此中國人於世界舞臺上，以便其利用為誣告讒謗日本之練習場，蓋此實為吾日人所難忍受之處。

（戊）應廢棄九國公約

一、抑制日本，強化中國，以保持東亞和平，為最近二十年來美國政府一貫之思想，且為其實際政策。世界大戰以來，此政策即開始發動，迄華盛頓會議，遂凝結為九國公約。繼之破壞日英同盟，廢棄日美蘭辛石井協定，退還山東，日本在中國大陸之優越地位，悉備剝奪，使日本手足不能舉。自華盛頓會議後日本為脫此桎

梏，努力奮鬥，不惜犧牲，其對外表現，即為東北事變之爆發，終至釀成今日之慘痛局勢者，實為美國政府空想之遠東觀之所致也。

二、日本民族之膨脹，國力之發展，即日本之政治家亦無法阻止，過去英、美兩國之發展，亦屬如是。此種旺盛之膨脹力，向抵抗力最弱之部分伸張，自屬理所當然，而獨對日本加以排斥，英、美殊應完全負責。現在能阻止日本向亞細亞大陸發展者，惟英、美之海軍與蘇聯之陸軍耳。蘇聯茲姑置不論，試觀英、美兩國，其領土已達飽和狀態，國民生活，已達世界最高水準，今猶不許日本喫其殘羹，利用海軍力及經濟力以抑制日本，而日本又豈能俯首帖耳，甘受宰制，不加反抗哉。故不但中國，即英、美兩國，亦應率直承認日本之發展膨脹，始克保持東亞之永久和平。

三、中國人素行驕傲，依勢凌人，而華盛頓會議，猶猛火加油，以為假英美之虎威，可以驅逐日本之勢力，彼顧維鈞者流，實媚外派之中國代表政治家也。然吾人則以為不脫此華盛頓之桎梏，不足以樹威行於世界，且國民生活，亦將大受壓迫，因此中日裂痕日深，遂誘導今日之慘痛局勢。

四、中國人對西人則俯首帖耳，對日人則驕傲氣揚，試以一例證之，即中國政治家動輒主張尊重主權，保持行政完整，而對於制限其主權之九國公約第二條，則甘受之而不加反對。一九三二年之上海停戰協定，明白制限中國之主權，違反九國公約之精神，因有英美代表參加其間，中國人則無聲無臭，未聞有人起而反對其

有違九國公約也。故即應廢除九國公約，恢復中國之獨立主權，以達青年中國之素志。

（己）使中國參加防共協定

一、使中國參加防共協定，負擔兩種重大義務，即外與蘇聯斷絕關係，內則剿滅共匪。東洋之禍根，常胚胎於中俄接近之時，已昭示於最近半世紀之歷史，中日戰爭後如是，義和團事變之談判中亦如是。共產政府成立後，中俄接近之事實，猶在吾人記憶之中，飽受其禍者，實乃英國也。此次事變勃發後，未幾蘇聯即召回駐華大使，或因其誤會政府真意，而援助中國過當之所致也。世界各國之政治組織、社會制度，彼此間雖有不同，而蘇聯之世界觀、國家觀、社會觀、人生觀，與日本實猶冰炭之不能相容，此非程度之差，實性質之不相同也。與此種國家接壤，危險殊甚，故必使新興中國參加防共協定，與之隔離，忠實履行其義務。

二、所謂國共合作，共產黨是否取國民黨而代之，茲姑置不論，而蔣介石治下地方之共產黨，其勢力殊不可侮，我占領區域內之新政府，對內應彈壓各地共黨之橫行，對外應抗拒朔北赤焰之侵凌。

（庚）中國應與日本締結同盟

一、中日接壤，應圖共存，不能互相攻擊，兩敗俱傷，使漁人得利，而為白人笑。但欲圖共存共榮，應彼此諒解，排除無益之磨擦，努力奮鬥，互行善鄰之政策，美國與加拿大，及美國與墨西哥，即其先例也。

二、反之若德法，如犬猿之不相容，冰炭之不相合，然法蘭西不能獨力推翻德意志，德意志亦難獨立征服法蘭西，英則法強助德，德強援法，以實行其自衛政策，決不使德法吞併為一國，隔一多弗海峽，以與大英帝國抗衡也。今中日兩國關係，既無如英國對德法關心之國家，又無為保全中國領土。雖訴之戰爭而不惜之國家，中國應即猛省，悔悟前非，抑制感情，與日本化為一體，尋求所謂共存共樂之途徑。蓋日本決無田中義一奏摺中征服中國全土之野心，即現在占領之土地，苟時機到來，亦將逐漸返還予中國。

三、此處所謂同盟，亦不必以第三國為假想敵，締結攻守同盟，僅欲締結如一九三六年八月二十六日英埃同盟，中日兩國在政治上、經濟上、國防上及文化上，其結合雖不能達到不可分離之程度，然亦應造成與此相近之關係。今試以英埃同盟為藍本，締結中日同盟，其條文大抵如次：

1・中日兩國以增進友好關係為目的，締結同盟。

2・中日兩國不得對於第三國締結有牴觸本條約之政治條約。

3・締約國一國與第三國發生糾紛，至有斷絕國交之危險時，締約國為以和平手段解決糾紛，應先互相協議。

4・締約國一國與他國發生戰爭時，其他一國應以同盟國之資格即行赴援，不受前項規定之拘束。

其他為東亞特殊情形所必要之規定，當屬不少，筆者所提倡中日同盟之要旨，大抵如是。

四、中國自國民政府成立以來，對西人則親而近
之，對日人則敬而遠之，使吾人大感不安，歐美列強咸
採抑制日本強化中國之政策，更使吾人不無危懼之感。
以夷制夷，固屬外交常道，中國利用此道，吾人固無訴
苦之理由，然吾日本為自衛圖存計，則有與此政策對抗
之必要，如屬可能，當更進而破壞之。蓋中國反日，日
本將無以圖存，故不論中國人樂與日本親近與否，但日
本不能不強之親日，然而亦屬國際間之常例，中國人亦
不能不忍而受之。

（辛）中日同盟與英美

英、美兩國對於日本在遠東之特殊地位，素所承
認。一九一五年三月十三日於中日交涉之際，據美國務
卿布來昂致珍田大使公文末段所載，明白承認日本在華
之特殊地位，即：「美國政府特利用此機會，以已往
日、美兩國之友好關係敬告日本，美國在深深注意日本
在遠東所希望之發展。美國政府對於日本在東方所有之
優越地位，或中、日兩國為彼此利益密切提攜之事，決
無嫉妒之心。茲向貴大使熱心陳述之，蓋美國絲毫無妨
礙日本，或促使中國反日之意。」愛護中國之蘭辛國務
卿，對此公文亦未加否認，且曾於一九一九年七月六日
對佐藤大使聲明不予變更。

至若英國外相葛雷於一九一五年十一月二十六日曾
聲明：「英國非與日本協議之後，無與中國開始商議任
何與政治有關事項之意。」喬治首相於一九一一年六月
二十日在議會關於更新日英同盟問題之演說中，有如

次述數語：「……日英雙方有利，已經試練，英國將保持與日本之友情，適用於解決遠東一切問題。在遠東方面，日本有其特殊利益，英國亦如美國希望機會均等與門戶開放。」實英美對於中日問題，已明白表示其態度，故日本與中國提攜同盟，擁護其特殊利益，當不至有所反對。（雲竹，十一、十九）

（田村氏曾任總領事、日本生命保險會社董事，現任日本外交協會幹事，著有《支那外債史論》等書，雲竹註。）

六　日相平沼施政演說

民國二十八年

（東京一月二十一日同盟電）

倭首相平沼於本年一月廿一日在貴族院（第七十四次議會），對於一般施政演說時，特發揮其所謂興亞政策之謬論，其演詞如左：

自中日事變發生以來，已一年有半，對於我皇軍將士轉戰於中國各地，克服艱苦，收連勝之戰果，於茲深致謝忱。同時對於喪身異國之英靈，衷心哀悼，並期完成其遺志。

我天皇陛下關於軍事援護事業，於去年十月三日，降優渥之詔書，賜巨額之內帑，皇恩如斯浩大，誠惶誠恐，感激無際。政府奉戴聖旨，創設恩賜財團軍事援護會，與政府之施設相呼應，以期軍事援護事業之完璧，使出征將士無後顧之憂。

對於中國事變，曩承聖斷，規定確乎不動之方針，

現內閣原本此根本方針，勇往邁進，以期完成所期之目的。不待言必應在中、日、「滿」三國互相理解之下，互相提攜，將三國之政治、經濟、文化各方面聯貫一氣，以實現真正之善鄰友好。以此為興隆東亞之基礎，即係顯揚我日本建國精神之道，亦即我國堅定不動之國是，於斯始可確立東亞永久和平，促進世界進展之機運。故肩負安定東亞責任之中、日、「滿」三國，若不速以公正之目標，脫去舊套，協同向新秩序勇往邁進，則東亞永遠安定之局勢，終難期其實現，此自明之理也。

明治天皇曾言：「破除舊有之惡習，以張天地之公道。」余深信此為日本政治之基礎，所謂天地公道者，即使萬物各得其所，故余以為政治要論，亦在於此。

明治天皇精神所及之處，不問其為國內政治或國際關係，莫不受其支配，故東亞新秩序之建設工作，亦應以此根本精神為基礎。在中國方面，若不諒解帝國此種大精神，毫不遲疑，虛胸袒懷，以與日本合作，則建設東亞新秩序之大業難成，帝國對於頑不理解此點而繼續抗日者，當斷然擊滅之，但對於中國卓識之士，能協助帝國實行國策，以為建設更生的新中國之基礎者，帝國當樂予援助，以拯救中國民眾塗炭之苦，以完成建設東亞新秩序之歷史的事業。現在中國國民，對於「臨時政府」、「維新政府」、「蒙疆政府」當局所實踐之大道有理解而覺悟者，已接踵而出，故建設東亞新秩序之機運，已漸瀰漫中國全土，誠屬可喜之事，此不能不謂為帝國正義的外交之成果。

今共產主義橫行中國大陸，且恐將支配其政權，因此不能不實行防共之道，盟邦德、義兩國，自中日事變發生以來，即一貫以全力支持我國，殊應深致感謝，兩國與帝國之關係，今後將日益密切，此誠可為慶幸。而青年「滿洲國」之發展，對於興亞前途，希望尤屬遠大。日「滿」不可分之諸方策，將由此愈加強化。致若與第三國之關係，在經濟上或文化上，帝國毫無加以排除之觀念，並希望其理解帝國之真意。

此次事變最終之目的，非在武力之勝利，實在中、日、「滿」三國互相提攜，以確立東亞新秩序之體制，不達此目的，事變終難結束。吾人為發揚我祖宗傳統之國民精神，不能不完成東亞新秩序之建設，故我國目前在國策上最重之目標，為迅速擴充國家總力，尤為其中之國防力，如建設強力之軍備，發展中、日、「滿」之經濟聯繫，更以舉國一致之決心，對於振興貿易、平準物價、擴充生產力、調整資金物資與勞力，以及強化運輸、交通、通信各項事業，積極進行，返復加以研究，並期其從速實現。

因上述種種關係，余以為今後應時勢之需要，須將必要之國家總動員法各條逐次實施，以扶翼萬民之精神為基礎，集中國家之總力，向國策勇往邁進，此事期待於朝野協力之處正多，故吾人對於完成興亞政策所負之責任，至艱且巨也。

七　日企圖佔領西南

民國二十八年

（摘譯東京十六日發同盟電）陳巽廎　譯

對蔣援助繼續時　西南有軍事占領的必要

　　對於英法關於攻海南島之抗議，有田外相認為此事與法日協約並無何等牴觸，而此種占據，係因軍事的必要，並無領土的野心，此點似無特別預先說明之必要。

　　此次事變，我方並無領土的野心，已再三聲明，且進攻海南島，亦屬於此聖戰之範疇，故無特別預先說明之必要。要不外蔣政權繼續長期抗戰時，則日本將永久占據海南島。彼等若願海南島早日恢復原狀，則經過安南，緬甸之援蔣策動應即中止。

　　據最近之消息謂，彼等更盡力強化援蔣政策，使其繼續抗日。英法如此繼續援蔣策動時，日本痛感不僅有占領海南島之必要，且西南地域亦有軍事占領之必要。

八　東亞協同體之理念及成立客觀的基礎

民國二十八年

（摘譯自中央公論新年特大號）

尾崎秀實　作

（一）

　　十一月三日日本政府之聲明中，已規定此次戰爭之最後目的為「建設確保東亞永遠安定之新秩序」，同日近衛首相之廣播演說中，亦可窺見新秩序之輪廓。即：「不在征服中國而在與其協力」、「領導更生中國實

現東亞共同使命」、「中國民族分擔新東亞之大業」、
「企圖確立東亞新和平體制」、「聯合東亞各國立於道
義的基礎上，建設自主連環之新組織」。凡此種種，已
將新秩序之特性與輪廓，在最高之政治宣言中表明，此
直等於「東亞協同體」之相貌。

　　尤應注意者，即「東亞協同體」之理念已成為日本
處理事變之根本方針，及解決事變方策上不可或缺之重
點。不過在現狀下作為實現新秩序之一種手段而出現
之「東亞協同體」，乃中日事變進行過程中之歷史的
產物。

　　在事變之初固無論矣，即在南京陷落，徐州戰前，
亦尚未發現此類名詞。

（二）

　　　「東亞協同體」論之提議與說明，近來為數甚多，
而對此提議之批評則未有發現，此因「東亞協同體」之
理念不為日本資本主義現狀維持派所支持也。

　　實則「東亞協同體」尚有幾多弱點與實踐上之難
點，現在加以說明。

　　在實踐形態上對此「東亞新秩序」乃至「東亞協同
體」之新理念能理解者甚少，甚至有人猶認為東亞協同
體之理念，不過為日本為在東亞大陸確立霸業之手段，
或緩和霸業之假面具而已。

　　以中國大陸為日本經濟發展之市場或原料之供給
地，此為不容否認之事實，從國防觀點上著眼於大陸某
一地域亦無問題。滿洲事變後，在日「滿」支經濟集團

高唱之際，此經濟集團方式僅為圖日本經濟之發展，使「滿洲國」、中國，尤其華北成為補充的動員之目的地。事變初期有祇就華北之範圍加以解決之意思者依此。現在日本一般資本家與多數人，對大陸主要之期待恐仍在此點。因而有華北、華中開發公司之設立。在大陸之建設問題上首先提出經營及開發問題，鐵與煤於是成為興味之中心。此種情形不限於華北、華南方面，注意之中心，亦為資源問題。

如長江方面多數之鐵與煤礦，擁有世界第一之鎢礦銻礦之湖南、江西、山岳地帶——此種追求資源之迷夢正在擴大而無底止，須十分慎重。

（三）

東亞協同體論成立基礎之一，為日本現已證明片面的使東亞各國經濟的組織化，甚為困難。就此種意義言之，成為東亞協同體論發生之最大原因者，為對中國民族問題之再認識。

中國之民族問題，任人皆知為現代中國之最大問題，然在對華問題上，卻每將其遺忘。

中國之種種問題必須透過中國社會之特殊性始能理解。其特殊性即所謂半封建性及半殖民地性。

此種民族問題之動向，在抗日統一戰線之根幹國共兩黨之合作中可以發現，在日本支持正從事建國之新政權主要幹部及其住民中，亦可發視。此種民族問題，僅以武力在地域上劃分新政權，毫不能解決。就經濟問題言之，亦復如是。如法幣問題，當時以為僅由國府在外

正貨問題，或外國之經濟援助問題即可決定，現知並不僅如此，乃民族經濟之問題，同樣為民族問題，因而使其基礎特別加強。又如媾和問題，雖英美亦不能強迫其實行，以低下之經濟力，不完全之政治體制，劣弱之軍隊其能支持至今日者，實擊乎此民族問題。此不僅在國家規模上如此，游擊戰之戰士固無論矣，即由農夫以至街頭乞兒亦各在不同之形式上因民族意識而聯繫。

中國方面自始即決定賭其國運從事民族戰爭，吾人縱用武力將中國分成敵與友之二種地域，然其共同之民族問題依然存在。即使日本完全勝利，吾人亦不能不遭逢此困難之民族問題。

（四）

「東亞協同體論」雖如上述，但不能解釋謂日本因處理中國問題棘手，故不得已使中國民族出而協助，或謂掩護武力政策之一種政策。

真正之東亞協同體，無中國民族情願積極的參加，不能成立，此為決定的事實。

今日吾人所常感到者，為關於戰爭之目的有種種看法。有人認為從國防的觀點上之要求絕對應首先提出，日本經濟上必要之獨占市場，或有特權之市場之要求必須提出，更有謂某某為日本產業上不可或缺之資源應提出要求。凡此種種，立本從來之立場向中國提出要求，當有正當之理由，但不應以武力要求，應更遠一步根據東亞再建之必要上要求之。

在具體的事態之推移上，此種東亞協同體之完成，

猶不過為空想。在實現之過程中，內部必須抑制帝國主義的要求，外部對於民族的抗爭之中國，一手執劍，一手執可蘭經之方式，一時當絕對無法避免。必須中國人自己認為努力建設「東亞協同體」為自己之工作時，方能達到目的。

國府發言人對十一月三日之聲明謂：日本所謂建設東亞新秩序不過為欺人之談，欲以中國之自由與國家之獨立供其犧牲，中國國民絕對反對云云。此種議論在不能理解「東亞協同體」之理念，尤其不能理解其成立之基本條件及其發展之抗日中國立場上，乃當然之理。

應知在相當期間，民族的鬥爭必須繼續也。

（五）

現在「東亞協同體論」因當前中國問題處理困難，被一般視為一種「出路」，目之為萬能膏，因此不能不與事實相去遠甚。前已屢次述及民族問題之艱險正多。

蔣介石氏於十一月一日告國民書中稱：「中國之抗戰並非普通歷史上兩國民之爭霸戰，乃民族戰爭、革命戰爭。而民族革命之長期戰爭，必能獲得最後勝利。」

「東亞協同體論」者與民族問題之對比上該如何渺小，此應自加顯明之認識者。否則「運命協同體」之緊密性終將流為神秘主義的決定論也。

「東亞協同體」之具體的、政治的構成，應取如何之形式，關於此點，十一月號「改選」上蠟山政道教授已發表大體之輪廓（「參考東亞協同體之理論」五，東亞協同體之政治的體制）。

　　東亞協同體基本構成員之中國，其內部之構成應如
何？此為相當重要之問題。現在日軍占領區域內新政權
之成立狀態與互相之結合狀態，在此種場合對於將來之
決定有重大關係。

　　再在此種場合，尚有對於在民族問題上有深厚基礎
之蔣 XX 政權之地位未加明確決定以前，「東亞協同
體」之二重構成內之中國內部構造，不能作最後決定。

（六）

　　「東亞協同體論」尚未脫離私人意見之領域，將來
擴充為純粹指導原理，而作為實際政策加以適用時，與
國內資本主義營陣間自將發生重大摩擦。

　　關於「東亞協同體」新體制確立後之外交問題，根
據政治的構成反而簡單，惟今日有所謂興亞外交之名詞
出現，將使問題趨於混亂。

　　依然視東亞大陸為帝國主義進出對象之列強，對於
「東亞協同體」自將加以警戒，關於日本行動之日本式
之說明，彼等絕不置顧。日本此時應以極堅忍之態度闡
明此新指導精神。

　　日本在東亞主張特殊地位一節，由防衛「東亞協同
體」之共同利益見地言，絕對正確。至此種主張，不應
成為英美等國所猜疑之日本獨占的排他主義。

　　「東亞協同體」之理念及其實踐的企圖為中日事
變過程中之歷史的產物，已漸明瞭，至日本之新「出
路」何以必須走向「東亞協同體」之方向，此確實成
一問題。

此可謂一方面繫於國內之情勢，他方面繫於英美與日本之外交關係，更有中國民族運動方面之複雜關係。

（七）

東亞協同體之理念是否能伴同實踐之過程發展乎？此點當然決定於中日抗爭之實力及國際二種關係，而日本國內方面此種推進力之結成為最大問題。一般對於結束事變，建設復興大陸事業上現在所能發揮之全能力，可謂均不十分信賴，故日本之政治經濟，必須根據此目的重行編製。

「東亞協同體」之前途幾乎充滿無數之困難。其能否成為東亞苦悶之解放者，端視是否能獲得中國所謂「先憂後樂」之士協助解決民族問題，及日本國內是否能實行改革，國民對「協同體論」是否理解與贊助也。

九　日本對華財政政策之失敗

民國二十九年

（蘇聯真理報四月二十四日塔斯社電）沈吉　譯

日本謀以財政征服中國，特於一九三八年五月設立「聯合準備銀行」於華北，依章程之規定，該銀行任務在於管理華北偽政府所轄境內與日軍繼續佔領域內之金融。

該「聯合準備銀行」，資本五千萬元由北平偽政府與華北各中國銀行各出一半湊成。此外，該銀行計劃由日本各銀行（橫濱正金銀行、朝鮮銀行、興業銀行等），信用貸款一萬萬元，但尚無結果。

「聯合準備銀行」開幕時，曾發行股票五千萬元，其中半數已由偽政府購買，至其餘股票則未知去向。

依日人計劃「聯合準備銀行」，應於最短期內將華北佔領域內四行法幣排除於流通之外。但事實正相反，華北流通中四行法幣計有三萬萬至三萬萬五千萬元。「聯合準備銀行」於一九三八年五月至三九年三月共發行紙幣二萬萬二千萬元，該款大部實際尚在保存中，不僅不能取信於華人及住華外人，即日商對此偽幣亦不相信。

「聯合準備銀行」擬於天津法租界設辦事處，已由法領事拒絕，即在華德、義人亦深不願接受偽幣，爭向橫濱正金銀行請求兌換，天津偽幣有到處受擯棄之勢。

刻下日本對華財政政策，即如何使華北人民用保有之四行法幣兌換「聯合準備銀行」所發偽幣，藉此偽政府與日侵略者獲取大量收入。

「聯合準備銀行」向華北人民宣佈行市，規定四行法幣每百元兌換偽幣九十元，此行市兌換期至本年二月十九日為止。過期則以法幣百元換偽幣六十元行市兌換。自本年三月一日起四行法幣禁止在華北流通。但據最近報告，四行法幣仍為人民深欲接受，而對偽幣反堅決拒絕。

日軍部當局繼企圖強制迫人民兌換偽幣，頒佈特別命令，對遲遲不欲兌換者或加逮捕，或以酷刑，但此除徒增人民對侵略者之痛恨外，毫無為用。

日本鑑於「聯合準備銀行」在華北之失敗，似擬放棄在華中、華南繼續發行偽幣之計劃。該方面流行者多

係特派發行之「軍用票」。

十　白鳥敏夫與德記者的談話

民國二十七年一月二十一日

（蘇聯消息報載）沈吉　譯

　　武漢淪陷之際，白鳥正被任為駐義大使，整裝待發，德「萊勃希最新新聞報社」（Leipziger Neuste Nachrichten）記者假恭賀之便，詢及中日戰爭之將來前途與日本在華計劃若何？白鳥當即卻除一切外交辭令，欣然直陳稱：「刻下日本之根本任務為建設新中國。所謂新中國者，實質上亦即第二滿洲國，中國境內將成立若干以聯邦制為基礎之各別獨立政權，對日本之政治軍事關係採同盟形式。新中國與日本並將締訂關稅同盟」、「日本自由主義時代，已告結束，日本應回復到其傳統極權式之政治原則上。」記者繼問：「日本對在華列強利益，將取何態度？」白鳥謂：「日本對其勝利戰果，雖無意與西歐列強均分，但外人之權益，必予尊重，財政之合作，無論何時，概所歡迎。」

　　白鳥似不欲將「反共協定盟友」與其他列強混同對待，故又稱：「德國工商業之於新中國，如在滿洲國一樣，將根據特惠條件，予其活動之可能。對義國亦復如斯。至關於其他列強，日本縱為寬大謙遜之邦，亦不能不謂，英國在遠東之統治地位，此後已不復存在。」此項重要談話，英各報均保留未登，僅泰晤士報稍有透露，此頗值注意也。

（該文載於一九三八年十一月廿一日消息報）

民國史料 15

近代中日關係史料彙編：
蘆溝橋事變發生後中國向國際的申訴

Historical Documents on Modern Sino-Japanese
Relations: China's Appeal to the International
Community After the Marco Polo Bridge
Incident

編　　者　民國歷史文化學社編輯部
總 編 輯　陳新林、呂芳上
執行編輯　林育薇
美術編輯　溫心忻
排　　版　溫心忻、盤惠秦

出 版 者　🛡 **開源書局出版有限公司**

　　　　　香港金鐘夏愨道 18 號海富中心
　　　　　1 座 26 樓 06 室
　　　　　TEL：+852-35860995

　　　　　✿ **民國歷史文化學社**

　　　　　10646 台北市大安區羅斯福路三段
　　　　　37 號 7 樓之 1
　　　　　TEL：+886-2-2369-6912
　　　　　FAX：+886-2-2369-6990

銷 售 處　**深流成文化 股份有限公司**

　　　　　10646 台北市大安區羅斯福路三段
　　　　　37 號 7 樓之 1
　　　　　TEL：+886-2-2369-6912
　　　　　FAX：+886-2-2369-6990

初版一刷　2020 年 2 月 27 日
定　　價　新台幣 330 元
　　　　　港　幣　85 元
　　　　　美　元　12 元
I S B N　978-988-8637-54-6
印　　刷　長達印刷有限公司
　　　　　台北市西園路二段 50 巷 4 弄 21 號
　　　　　TEL：+886-2-2304-0488